# 脱税の日本史

Japanese History of
Tax Evasion

大村大次郎
元国税調査官



宝島社

# はじめに

国家は税によってつくられますが、税がつくられると必ずと言っていいほど脱税が発生します。そして、脱税が国家の盛衰に大きく関わることが多いのです。

国家の歴史は脱税の歴史と言ってもいいほどです。

日本の歴史にも、脱税が大きく関係しています。

「大化の改新」「源平合戦」「楽市楽座などの信長の諸政策」「明治維新」等々、歴史の大きなターニングポイントには、必ずと言っていいほど脱税問題が絡んでいるのです。

そして、脱税を軸に歴史を見てみれば、「歴史のなぜ」が解けることもあります。

たとえば、古代日本では「大化の改新」というクーデターが起きます。蘇我入鹿という、当時の日本で随一とも言える有力貴族が暗殺され、国のシステムが一新されたのです。なぜ蘇我入鹿が暗殺されたのかは、日本史の大きな謎とされています。

しかし、脱税の観点から見れば、この暗殺はそう不思議なことではありません。蘇我入鹿は、税をまともに納めずに莫大な資産を築いており、古代日本の国家運営に支障を来たしていたからです。

また、織田信長の比叡山延暦寺の焼き討ちは、「信長の冷酷非道な宗教弾圧」として見られることが多いのですが、実は比叡山延暦寺は脱税で巨万の富を築き、日本の政治経済に大きな力を持っていた存在であり、平安時代から政権にとっては頭痛の種だったのです。信長は、戦国大名の中では唯一、その比叡山延暦寺の持つ「脱税特権」を排除しようとしたのです。

このように脱税の視点で日本史を読み解いていこうというのが、本書の趣旨です。

ところで、「脱税」という言葉は、「税を逃れる行為」の全般を指すものですが、現代では犯罪用語としても使われます。犯罪用語としての脱税は非常に範囲が狭く、「税法違反」で起訴され、有罪となったものだけを指します。

しかし、税を逃れる行為というのは「税法違反」だけではありません。法の抜け穴を突くこともありますし、権力を利用して法自体を捻じ曲げて税を逃れるケースもあります。本書で使う「脱税」という言葉は、税法違反行為だけではなく、広い範囲の「税を逃れる行為全般」を指しています。その点、誤解のないようにお願いします。

著者

# 脱税の日本史　目次

## 第2章　平安貴族は脱税で墓穴を掘った

## 第3章　源平合戦は脱税合戦だった



## 第4章　戦国大名も脱税に悩まされた

## 第5章 なぜ江戸時代は脱税が少なかったのか？

## 第6章　大日本帝国の脱税攻防

## 第7章　戦後のドサクサ脱税



## 第8章　巧妙化する現代の脱税

# 第1章

# 大和朝廷の課題は脱税防止だった

## 「大化の改新」の目的は脱税防止

古代日本にとって、非常に大きな出来事として「大化の改新」があります。これは古代日本にとってというより、今の日本を形づけるようなイベントでした。

大化の改新を簡単に説明しますと、皇極天皇4(645)年、朝廷内で勢力を振るっていた蘇我入鹿を中大兄皇子や中臣鎌足らが暗殺し、国の制度を一新したというものです。

この大化の改新は、実は脱税が大きく関係しています。簡単に言えば、大化の改新は脱税を防ぐために行われた側面があるのです。

大化の改新以前の税システムでは、包括的・効率的に全国から税を徴収できていませんでした。

大化の改新以前の日本では「氏姓《しせい》制度」という社会システムが採り入れられていました。氏姓制度というのは、大和朝廷に貢献した各地の豪族に「氏姓」を与えるものです。氏姓を与えられた豪族は、大和朝廷に臣従していることになります。

この氏姓制度は、封建制度に似たものです。各地域の豪族がその地域を統治し、朝廷はその「束ね役」のような存在です。朝廷は、豪族の勢力地域を直接支配していなかったのです。

豪族は、自分の勢力圏を自分で支配し、朝廷に対しては貢物を納めます。いわゆる「朝《ちょう》貢《こう》」です。これが税の代わりとなります。また、豪族は一応、朝廷の命令に従って軍事行動などを行っていました。

こういう貢物的な税では、税の不公平が生じます。

力の強い豪族は、あまり税を納めずに私財を蓄えます。つまり、勢力のある豪族は、簡単に脱税できてしまう、ということです。

大和朝廷にとって、それは好ましくありません。税収が上がらないうえに豪族の力が強くなり、国家不安定の要因となるからです。

朝廷としては豪族の支配地域からもきちんと税を取りたいし、直接、兵を徴兵したい。その方が包括的・効率的に、徴税と徴兵ができるからです。そのために行われたのが、「大化の改新」だったのです。

また、当時の大和朝廷にとって、税収を上げることは緊急の課題でもありました。なぜなら、朝鮮半島で不穏な動きがみられ、日本は国を挙げて防衛体制を整えなければならなかったからです（詳しくは後述）。

## 土地の私的所有を認めない

大化の改新の主な改革は次の通りです。

・豪族などによる田畑の私有を禁止し、すべては国の領地とする
・田畑を民に貸し与え、民は租庸調の税を払う
・それまで重要な役職は世襲制だったが、これを廃止して有能な人材を充てる
・戸籍を整備する

これらは、現代人の目から見てもかなり思い切った改革です。

大化の改新後の大和朝廷は、明治維新後の新政府と同様に、日本全国を直接統治しました（東北、南九州などの一部と北海道、沖縄を除く）。いわゆる中央集権です。それどころか、原則として土地はすべて国有とし、民の私的所有を認めなかったのです。

日本史上、土地の私的所有を認めなかった政権というのは、事実上、大化の改新後の大和政権だけです。

見方によっては、「日本史上最強の中央集権政府」だったかもしれません。

そして、大化の改新の目玉とも言える施策が「土地の私的所有を認めないこと」でした。

なぜ大和政権は土地の私的所有を認めないようにしたか、というと、土地を国有化することによって、豪族などに分散していた国の財力を集中させようとしたのです。

そのため「土地はすべて国家のもの」「民は国から土地を貸与されているだけ」という形式にして、各地の豪族が管理していた税や財産を国庫に納めさせようというわけです。

しかし、一口に「土地の私的所有を禁止する」といっても、その実行はそう簡単にできるものではありません。各地の豪族が反発するからです。当然、戦争になることも考えられ、朝廷としてはかなりリスクが高くなります。

このような大事業を行うには、よほどの大きな動機付けがあったはずです。

大化の改新当時の大和政権には、財政力を大幅に引き上げなくてはならない理由がありました。

それは、朝鮮半島情勢に大きく関係しているのです。

## 朝鮮半島と強い結びつきがあった古代日本

古代の日本は、朝鮮半島と非常に強い結びつきがありました。

というより日本史の中で、日本が朝鮮ともっとも密接な関係があったのは古代です。

それは、「日本と朝鮮は大々的に貿易していた」「日本は朝鮮に影響力を持っていた」のようなレベルではありません。「朝鮮半島に領地を持っていた」「朝鮮半島の国々と敵対したり支配関係を持ったりしていた」というレベルなのです。

古代朝鮮半島の南部には任那《みまな》と言われる国があり、この任那は日本の支配下にありました。というより任那は朝鮮半島における日本領土に近い存在だったとみられています。

任那の存在については『日本書紀』にも記されていますし、古代中国と古代朝鮮のいずれの文献にも記されています。

古代日本は任那を足掛かりにし、朝鮮半島でかなりの勢力を持っていたと見られています。

古代の朝鮮半島では、高句麗と百済、新羅の三国が勢力を争い、最終的に高句麗が他の二国を制圧します。そして、この朝鮮半島の最強国家となった高句麗と古代日本は、朝鮮半島において壮絶な戦いを繰り広げていたのです。

414年に建てられた高句麗の広開土王の碑文によると、「391年以降に倭の国が新羅をたびたび攻撃し、臣従させてしまった」という記述があります。

日本が支配していた任那地域は朝鮮半島南部であり、今の韓国の国土の半分くらいを占めていたと見られます。広大な穀倉地帯であり、屯倉《みやけ》でもありました。屯倉とは天皇の直轄領のことです。豊穣な任那地域は、天皇家の財力の源泉でもありました。

この穀倉地帯の任那は、他の朝鮮諸国にとっても喉から手が出るほど欲しい地域でした。高句麗などは何度もここに侵攻してきましたが、日本によって押し返されています。

任那地域は新羅の支配下に取り込まれたりもしましたが、新羅から朝貢を受けることを条件に日本が新羅に下賜した形になっており、日本の影響力は維持していました。

また、百済も日本に朝貢をしており、古代日本は百済と新羅を半ば臣従させていたのです。

ざっくり言えば、7世紀ごろの朝鮮半島は、北は高句麗の勢力圏であり、南は日本の勢力圏だったということなのです。

しかし、7世紀に入ると、朝鮮半島の情勢に大きな変化が起きます。

618年、中国大陸で唐という大帝国が誕生したのです。

唐は、それ以前の隋よりも、はるかに強力な国でした。強い領土拡大意欲を持ち、建国以来、中央アジアと東南アジアを瞬く間に席巻《せっけん》し、朝鮮半島にも侵攻する気配を見せていました。

朝鮮半島に侵攻してくるということは、当時の日本にとっては勢力圏を侵攻されることでもありました。軍事侵攻を食い止めるには、それに対抗する軍備が必要となります。もちろん、それには莫大な財力が必要です。

この軍備のために大和朝廷は「国土の国有化」が必要だったのです。

当時、朝鮮半島で最大の勢力を持っていたのは、前述した高句麗でした。

高句麗は、現在の北朝鮮のほぼ全域と中国東北部にまたがって、大勢力を築いていました。その勢力圏は朝鮮半島の数倍の広さがあったのです。

唐が建国したとき、朝鮮半島の高句麗、新羅、百済の三国は、いずれも素早く唐へ朝貢をし、当初の関係は良好でした。

しかし、高句麗が新羅に侵攻したことから、高句麗のこれ以上の勢力拡大を快く思っていなかった唐と関係が悪化します。

640年代に入ると、唐は高句麗に対して侵攻の意志を見せ始めました。

日本としては、新羅と百済が唐に取り込まれたことや、唐が高句麗に侵攻しようとしていることは、非常事態でした。

朝鮮半島で勢力争いをしていた古代日本にとって、ここで勢力を失うと本土まで攻め込まれるかもしれない、という危惧も持っていたのです。

日本の歴史の中で、中国大陸の国が日本本土に攻め込んできたというのは、モンゴル帝国の襲来だけです。中国や朝鮮が攻め込んできたことはありません。だから、現代人の目から見れば「過剰な危機感」のようにも思えます。

しかし、古代の極東アジア世界では、勢力を失った国が大国に攻め込まれて滅ぼされるのは頻繁にありました。だから、当時の朝廷では、朝鮮半島で勢力を失うことはすなわち、国家存続の危機だという考え方があったのです。

古代日本の朝廷としては、唐の侵攻に備えなくてはなりません。それが大化の改新の大きな原動力となったのは間違いないのです。

また、大化の改新が行われた当時、朝鮮半島の高句麗や新羅、百済でも政治体制の大きな変革が見られました。どの国も唐の圧迫に危機感を抱き、国の体制を整えようとしていたのです。

## 豪族の所有地を没収せよ

ともかく、古代日本にとって朝鮮半島の領地を失うことは、軍事的・経済的にかなり痛いことでした。また、唐が朝鮮半島全域を支配下に置けば、次は日本本土に侵攻されるかもしれません。

それを防ぐために、古代日本は強力な軍備をしなければならなかったのです。中央集権国家をつくり、全国から直接徴税することで財力を蓄える。軍事についても、これまでのように豪族の私兵を寄せ集めるのではなく、徴兵によって朝廷の直属軍を増強する。そのための「大化の改新」だったのです。

前述したように、大化の改新では土地の私的所有を原則として禁止しました。しかし、この「土地の所有の禁止」というのは、そう簡単にできるものではありません。

当時、日本にあった農地の多くは、大和朝廷が開墾したものではなかったのです。朝廷が開墾した土地もありましたが、大半は各地域の人々、各地の豪族などが開墾したものでした。つまり、それぞれの土地、農地にはそれぞれ所有する人がいました。

それをすべて没収して、国の所有とするのです。

当然のことながら、元の所有者である豪族などは反発するはずです。

大化の改新以前、田荘《たどころ》と呼ばれる豪族の支配する農地が日本各地にありました。豪族はこの田荘で「部民《べみん》」「奴婢《ぬひ》」などを使って農業経営を行っていました。

大和朝廷が所有していた田は「屯田《とんでん》」と呼ばれており、これは当時の日本の田のほんの一部にすぎませんでした。

大部分は、田荘などの私有田だったのです。その私有田を朝廷が勝手に徴発するとなれば、豪族は怒るはずです。

しかし、大化の改新を実行するには、豪族の反発を抑えなくてはなりません。その過程で起きたのが「蘇我氏の滅亡」なのです。

## 蘇我氏は脱税で富を蓄えた

ご存じのように大化の改新は「国の制度を刷新したこと」であると同時に、クーデター的な意味合いもあります。

大化の改新とは、朝廷内で勢力を振るっていた蘇我入鹿を中大兄皇子や中臣鎌足らが暗殺したことに端を発しています。

中大兄皇子は後の天智天皇であり、蘇我入鹿は重臣の一人にすぎないので、クーデターというよりは「粛正」と言った方が妥当かもしれません。

蘇我入鹿を暗殺して蘇我氏を滅亡させたことは、「土地の私的所有禁止」の大きな伏線になっています。

というのも、当時、日本で最大の財閥家は蘇我氏だったからです。

もともと蘇我氏は、斎蔵《いみくら》・内蔵・大蔵の管理など、朝廷の財政に深く関与することで台頭したと見られています。

斎蔵・内蔵《うちくら》・大蔵《おおくら》というのは、雄略天皇の時代に整備された蔵のことです。斎蔵は天皇の祭具などを保管した蔵、内蔵というのは官物を保管した蔵、大蔵というのは全国からの貢物（税）を収めた蔵のことです。

つまり、蘇我氏は朝廷の財産を管理するポストについて、大出世したのです。

そして、蘇我氏の経済力は相当なものだったと見られています。

蘇我入鹿の父親の蘇我蝦夷《えみし》は、皇極元（６４２）年、百済の使節を自宅である「畝傍の家」に招き、良馬一頭と鉄の延べ金20枚を贈っています。「畝傍の家」は、外国からの使節などを宿泊させたり、宴を催したりできるようになっており、邸内には池があり、その中には小さな島が浮かんでいたそうです。

また、蘇我氏は各地に邸宅を持っており、そこには貢物を収めた「倉」や兵器を収めた「庫」が備えられていました。日本書紀の中で、私人所有の「倉」のことを述べられているのは蘇我氏だけです。つまり、私人で日本書紀に記されるほどの倉を持っていたのは、蘇我氏だけなのです。

このように、蘇我氏は、豪族の中では抜きんでて経済力がありました。

その経済力を背景にして政治の実権を握り、さらに勢力を増す。蘇我氏は、そういう状態がもう四代も続いていたのです。

もちろん、蘇我氏がそれだけの経済力を持ちえたのは、まともに税を納めていなかったからでもあります。蘇我氏は全国から集められた貢物を管理する立場にあり、それをまっとうに朝廷に納めていなかったから、莫大な財を築くことができたのです。つまりは、蘇我氏は脱税で富を築いたと考えられるのです。

そして、蘇我氏の存在は土地の国有化の大きな障害になっていました。

蘇我氏は、飛鳥地方に広大な田荘を経営し、おそらく日本で最大の田荘所有者だったと考えられます。

大化の改新の目玉である「日本全国の農地の国有化」を実行するとき、最大の障害になるのは間違いなく蘇我一族でした。

逆に言えば、蘇我氏を滅ぼしてしまえば「あの蘇我氏が滅ぼされたのだ」ということで、ほかの豪族たちも抵抗するのを諦めるでしょう。

蘇我入鹿の暗殺と蘇我氏の滅亡は、日本史の大きな謎と言われることもあります。絶対的な権勢を誇っていた蘇我氏が、なぜ突然、滅亡させられたのか、と。

しかし、朝鮮半島情勢と土地所有の観点から見たとき、蘇我入鹿の暗殺の辻褄は解けます。というより、蘇我氏の滅亡があったからこそ、「土地の私的所有の禁止」が実現できたのです。

## 高度な会計システムを持っていた大和朝廷

古代日本が大化の改新を成し遂げた要因の一つに、会計制度があります。実は、古代日本は非常に進歩的な会計制度を持っていました。日本の会計制度は、古代中国によってもたらされたと考えられます。古代日本にいつどのようにして漢字や会計制度がもたらされたのか、詳しいことはわかっていません。大和朝廷は全国統一政権をつくった時点で、すでにかなり整った文書制度や会計制度を持っていたようなのです。

大和朝廷が日本の政権として発足する以前に、各地の豪族たちが文字を使っていたという記録はほとんど残っていません。

朝鮮半島から渡ってきた刀剣などに碑文が彫られていたものは、大和朝廷以前のものも発見されています。しかし、日常的に使用されている文字で最古のものは、大和朝廷の役人がつくったと見られる木簡です。

つまり、日本で文字が日常的に使われ始めたのは、今のところ大和朝廷発足以降ということになっています。

おそらく、日本に文字や会計制度を大々的に導入し、普及させたのは大和朝廷でしょう。

そして、大和朝廷は「文書」や「会計」の力を用いて、強大な中央集権国家を成立させたとさえ言えます。


会計は、現代では、商売や財産管理などに使われるというイメージがあります。

しかし、会計というのは、国力や軍事力に直結するものです。

会計制度が整った国では、その土地の収穫量や住民の人数などが正確に把握できます。

会計制度は徴税や徴兵に非常に役に立つのです。その土地からどのくらいの租税を取ることができるか、何人の兵を集められるか、それらがわかるのとわからないのとでは大きな違いがあります。

また、軍を派遣したり兵糧を準備したりする際にも、会計の力は役に立ちます。

敵の軍勢を把握し、それよりも多くの軍勢を戦場に派遣する。そして、軍が十分に戦闘できるほどの兵糧を運び込んでおく。そういうことが可能になります。

だから、文字や会計が整備されているのと整備されていないのとでは、国の力に大きく影響してくるのです。

「文字」や「会計」の力を使って統一政権をつくったのか、大和朝廷が統一政権をつくった後に、文字を大々的に導入したのかは、今のところわかっていません。しかし、大和朝廷の権力を強力にならしめた要因として、「文字」や「会計」の力があったことは紛れもない事実なのです。

## すでに大規模な国勢調査も行われていた

古代日本では、「班田《はんでん》収授の法」により「土地はすべて国家のもの」「民は国から土地を貸与されているだけ」ということになっていました。

班田収授の法は、古代中国の「均田法」をモデルにしたと言われています。しかし、日本の班田収授の法は、中国のそれよりも徹底したものと思われています。

古代中国の均田法は、国家が田畑を農民に支給して収穫の一部を納めさせる制度です。5世紀後半の北魏において始まり、隋や唐の時代まで引き継がれました。

ただ、古代中国の均田法は、実際には国家が田地を一括管理して農民に支給するのではなく、農民が所有している田地の「広さの調整」程度のものであり、しかもその実務手続きは各地の豪族に任されていました。

だから事実上、各地の豪族がその地域の田地を統括し、税の一部を国家に納入していたにすぎないのです。

しかし、日本の班田収授の法の場合、限りなく原則に近い形で、国家が田地を一元管理し、農民に班田（貸与）されていました。また、実務手続きも、中央政府から派遣された国司が全権力を持ってあたっていました。

つまり、古代中国が表面的にしか実行していなかった制度を、古代日本は本気で実行したというわけです。


これらは会計制度が整っていなければ、成し遂げることはできません。

一口に「土地の私的所有を禁止する」といっても、その実行はそう簡単にできるものではありません。

まず全国の土地を把握しなければなりませんし、米の収穫量、土地の産品、各地域の人口なども確認しなければなりません。大和政権では、それらをかなり詳細に把握していたようなのです。

そこには、もちろん高度な会計技術があったことが推測されます。

「班田収授」は、6年ごとに「造籍《ぞうせき》」「校田《こうでん》」「班田」という手続きをとることによって行われました。「造籍」は、戸籍をつくることです。「校田」は農地の広さなどを測ることで、国土調査のようなものです。そして、「班田」は、「造籍」「校田」をもとにして各人に田を振り分ける作業のことです。

これらの三つの作業事務が6年ごとに行われたのです。

しかも、全国一斉でした。いわば大規模な国勢調査が6年ごとに行われていたのです。古代日本の会計力たるや恐るべし、です。

## 先進的な税制「租庸調」

大化の改新では、「租庸調《そようちょう》」という税制がつくられました。

租庸調も唐の税制を真似てつくったものとされていますが、日本の独自色もあり、古代としてはよくできた制度だったと言えます。

何がよくできていたかというと、それほど重税ではなく、社会保障制度なども採り入れられていたのです。

租庸調を簡単に説明すれば、租は米、庸は労役、調は布や特産品を税として納めるものです。

租庸調の「租」は租税の租であり、古代の税の基本のものです。

「租」で徴収される米（稲）は、収穫高の3％程度とされており、決して高いものではありませんでした。

そして、「租」は稲で納められるのですが、すべてが朝廷に運ばれるわけではありません。一部は朝廷に送られたものの、ほとんどは国衙《こくが》（地方の役所）の正倉《しょうそう》と呼ばれる倉庫に保管されていたのです。

そして、正倉に保管された米は「賑給《しんきゅう》」のために支出する以外は、ほとんど貯蓄されていました。「賑給」というのは、高齢者や貧困者などのために、米・塩・布などを支給する制度です。

保管された米は詳細かつ厳密に記帳管理され、朝廷の役人や地域の有力者が勝手に使うことなどは許されていませんでした。

また、朝廷に送られる「租」の一部は、その地域の特産物と交換されて朝廷に送られました。朝廷としても米ばかりを送られるのではなく、いろんな産物を送られた方が利便性があったからです。

そうして調達される特産物は、その地域ごとに決められていました。

たとえば、相模国の場合は、商布6500枚、鹿皮20張、鹿角10本、紫草3700斤など定められていました。これは相模国だけではなく、各国に設定されていました。このような規定がつくられるということは、大和朝廷が各国の特産物や人口などをかなり詳細に把握していたことになります。

このシステムを整えるためには、大掛かりな国土調査が行われたことが推測されます。

国土調査は現代でも大変な作業です。

日本で全国的な国土調査が行われたのは、有史以来3回しかないとされています。秀吉の「太閤検地」、明治維新期の地租改正、そして大化の改新です。

大規模で全国的な国土調査は、明治維新期の地租改正時に行われたものが最後なのです。だから、現在の日本の土地登記簿などのほとんどで、地租改正時につくられた公図が用いられているのです。

交通も測量の技術なども発達していなかった古代において、全国の土地や産物などを細かく調査をしたというのは、驚異的なことだと言えます。

また、朝廷に送られるこれらの特産物は荷造りされ、「荷札木簡」と呼ばれる木の荷札がつけられました。「荷札木簡」には、その特産物が調達された場所と品物、数量が記載されていたのです。

つまり、中央にいる役人だけでなく、各国に派遣された役人や、各国に在住している人たちも、文字や会計に精通していた人がかなりいたことが推測されるのです。

租庸調のほかの税にも細かい規定があり、厳密な運用がなされていました。

「庸」とは使役のことですが、正丁《せいてい》と呼ばれる成人男子（21歳～60歳）が年に60日間の労役をしなければなりません。

日数は、時代によって半減されたこともありました。また、布を二丈六尺納めれば使役が免除されるという制度もありました。この使役により、灌漑などの土木工事、国家施設の建設などが行われました。

「調」とは、絹や糸、綿、布、鉄、塩、海産物を納めるという税制度です。

特に繊維製品は重要で、「正調」と呼ばれ、全国各地から朝廷に納められました。

また、畿内の「正調」は他の地域の半分でいいことになっていました。近畿内の特定の地域から、塩や鉄、海産物など「調雑物《ちょうぞうもつ》」と呼ばれたものが納められることになっていたからです。

「調」は朝廷の運営費の主要な財源になっていたと見られています。「調」により、朝廷の官僚などへの給与が支払われていました。朝廷の官僚たちも、勝手に税の一部を収入に充てるようなことは許されず、現代の官僚のように官庁からの給料により生活していたのです。

ちなみに、官僚の給料は「禄令《ろくりょう》」という法令に定められています。位と官職に応じて、米や布、塩、銭などが支給されるのです。

大臣や納言などの高級官僚の場合は、「食封《じきふ》」と呼ばれる領地のようなものが与えられ、その土地から徴収される「庸」「調」の全部と田租の半分が取り分とされていました。

ただし、「食封」も高級官僚が自分で領地を管理するのではなく、国が管理運営し、国が徴収した租庸調を、高級官僚に分配されたのです。

あくまで土地の私有は禁止されており、国が一元管理していたのです。

この租庸調のシステムだけを見ても、相当に進んだ会計システムが伺えるのです。

## 脱税させないための高度な会計監査制度

この進歩的な朝廷の財政システムは、非常に優れた会計官たちによって支えられていました。

古代日本では、「国司」と呼ばれる中央の役人が各国（各地域）に派遣されて行政を行っていました。国司というのは、今で言うところの都道府県知事もしくは市区町村長のような職務です。国司は赴任期限が定められていました。赴任期限は時代によって増減しますが、だいたい4年か6年でした。

そして、国司を補佐するような立場として、その地域から選出された「郡司《ぐんじ》」がいました。郡司は各地域の有力者でした。しかし、国司の方が完全に上の立場であり、その地域の絶対的な存在でした。

徴税の基本的な制度というのは、律令によって決められていました。ただ、実際の徴収業務は国司に任されていた部分もありました。

とはいえ、国司が好き勝手に行政を行っていいわけではありません。

各国の国司は、「大計帳《だいけいちょう》」「正税帳《しょうぜいちょう》」「調帳《ちょうちょう》」「朝集帳《ちょうしゅうちょう》」という4つの会計報告を毎年、中央政府に行うことになっていました。

「大計帳」は、諸説ありますが、主にその地域の納税者数（領民の数）など戸籍関係の報告書とされています。この大計帳をもとにして、朝廷は財政計画を立てていました。

「正税帳」は、各地域（国）の租税の収支報告書です。

「調帳」は、租庸調のうちの「調」で徴収され、中央に送られる物品のリストのことです。

「朝集帳」は、公文書の受領や寺社関係、軍事関係、交通関係、犯罪関係など行政全般に関する報告書です。

この4つの報告書は、「四度《しど》の公文《くもん》」と呼ばれています。養老令や延喜式などの古代の法令には、この公文の作り方の手順などが細かく決められていました。

そして、計帳使と呼ばれる各地域の官僚が年に1回、各帳簿を作成して朝廷に持参します。

朝廷にこの公文を持参する役人には、わざわざ名称がついていました。大計帳を運ぶのは「大計使」、正税帳を運ぶのは「正税使《しょうぜいし》」、調帳は「貢調使《こうちょうし》」、朝集帳は「朝集使《ちょうしゅうし》」という具合でした。

そして、この四者の役人のことは「四度《しど》の使い」と呼ばれています。なんだかすごい大儀式という感じですね。

それにしても、交通機関がまったくない時代に毎年、帳簿を運ぶための役人が朝廷と地方を行き来していたわけです。いかに、朝廷が「公文書」や「会計」を大事にしていたかが伺えます。

## 「正税帳」による厳しい会計チェック

4つの公文の中でも「正税帳」は特に重要なものでした。

日本の律令制というのは、中国の律令を模倣したものですが、「正税」という制度は日本独自のものなのです。

正税とは、地租（米納）のことです。正税は、高齢者や困窮者に支給する「動用穀《どうようこく》」と、非常用の備蓄である「不動穀《ふどうこく》」に分けられました。そして、地方官庁の様々な経費も正税で賄われました。その出し入れのすべてを記載しているのが正税帳でした。

具体的に言うと、正税帳に記載されている事項は次のようなものでした。

・倉の米稲量の増減を記したもの
・出挙の収支を記した出挙帳
・官舎の増築・修理の費用などを記した官舎帳
・用水施設の費用について記した池溝帳
・国に立ち寄った官吏へ支給した食料費
・国司が国内を巡行する費用
・寺社修繕費用

これらの膨大な収支項目を整合的に記していたのです。

正税帳の提出期限は毎年太陰暦2月30日（西海道諸国は5月30日）とされていました。民部省の主税寮に正税帳が提出されると「正税帳勘会《かんかい》」が開かれ、内容の審査が行われました。今で言えば、国会審議のようなものですね。

正税帳勘会には、主税寮の役人のほかに算師《さんし》と呼ばれる会計審査専門の役人が置かれていました。現在の会計士のような役割だと言えます。

正税帳に不審な点があれば、朝廷から国司に返却されました。不審な点がなくなるまで調べて作り直さなくてはならなかったのです。だから、国司は朝廷が受け取る正税帳（つまり不備のない正税帳）をつくるのが重要な役割でした。

正税帳は正倉院文書に断片的にしか残されていませんが、その断片の中でも非常に詳細な記載を見ることができます。

## すでに領収書も使われていた

古代の日本では、すでに「返抄《へんしょう》」と呼ばれる領収書のやり取りも行われていました。

返抄というのは、地方官庁である国衙が租税を徴収したり物品を購入したりしたときに発行したもので、「物の受け取りを証明する領収書」でした。納税側は返抄を受け取ることにより、「納税が終わっている」という証明になったのです。

返抄は、国衙が物品のやり取りをした場合、必ず発行されたようです。

そして、返抄の発行記録をもとに「結解《けちげ》」と呼ばれる収支計算書をつくりました。これらの記録を集成して「大計帳」などの四公文がつくられていたのです。現在の会計の仕組みとほとんど変わりません。

国の地方役所である国衙には、これらの記録がすべて保管されていました。国衙から朝廷に提出される公文というのは、国衙が保管している記録のほんの一部でした。

そして、国衙に保管された文書類は、国司が代わるたびに引き継がれました。

この文書類の引き継ぎのことを「受領《じゅりょう》」と言いました。

受領を行う際には、前任の国司は帳簿上、未精算になっているものはすべて清算しなければなりませんでした。官有物で不足しているものなども、すべて前任の国司の責任で取り揃えなければなりません。国司が着服するのを防ぐためです。

朝廷に提出した公文書には正しく記載されていても、実際には官有物の一部がなくなっていたり、国司が個人的に費消したりしてしまうこともあったようです。それらの「会計上の不突合《ふとつごう》」については、前任の国司が全部の責任を負っており、これらを清算した後でないと受領は行われないことになっていました。

そして、すべて清算が終わって「これで引き継いでいいですよ」という状態になったときに後任者が「解由状《げゆじょう》」というものを発行しました。「解由状」が発行されてはじめて、前任者の責務は終わるのです。

しかも、朝廷から勘解由使《かげゆし》という役人が派遣されて、解由状が正しいかどうかのチェックをしていました。

相当の念の入りようですね。現在の会計監査よりも厳しいシステムかもしれません。

また、国司は任期が4年となっていましたが、これも「不正を防ぐ」という意味があったものと思われます。

朝廷から遠く離れた場所に長い期間、赴任させておくと、どうしても朝廷の監視の目が届きにくくなり、不正会計をしてしまいがちです。さらに、一つの地域での任期が長くなると、その地域民との癒着が生じる危険性もあります。

現在でも、税務署員は3~5年おきに転勤があり、一つの税務署に長期間勤務しないような仕組みが採られています。これは徴税官が、同じ場所に長くとどまると不正が起きやすいからです。それと同様の仕組みが、古代日本にもあったということです。

ただ、国司の任期は当初4年が厳守されていましたが、時代が下るとともにその規制は曖昧になっていきました。

## 「白村江の戦い」で見せた日本の国威

大化の改新で日本が大きな国家変革を行ったのは、唐の侵攻を防ぐというのが大きな目的だったわけですが、唐は実際に侵攻してきたのでしょうか？

日本本土までは侵攻しませんでしたが、日本の朝鮮半島の勢力圏内には侵攻してきました。

大化の改新の18年後の天智2（663）年のことです。

唐と新羅の連合軍が、日本と同盟を結んでいた百済国に進撃してきたのです。そして、百済国は事実上、崩壊してしまいました。百済国の残党たちは日本に救済要請をします。前述したように百済国は日本に朝貢をしており、同盟というより臣従のような関係でした。日本としては、百済に援軍を送らなくてはなりません。

そして、日本・百済の連合軍と、唐・新羅の連合軍が、朝鮮半島の白村江《はくそんこう》において激突することになりました。

これがいわゆる「白村江の戦い」です。

日本・百済の連合軍は、数に勝る唐・新羅軍に大敗してしまいます。そして、百済は滅亡し、日本は朝鮮地域での勢力を失ってしまいました。

日本としては、唐に対して持ち続けた危惧が当たったということになります。

しかし、白村江の戦いはある意味、唐の進攻を食い止めたとも言えます。

白村江の戦いで、着目したいのはこの戦いの規模です。

三国史記によると、このとき日本側は千艘の船を用いていました。

ということは、兵士の動員数は少なくとも数万以上だったはずです。もしかしたら10万の単位だったかもしれません。この時代に、千艘の船と万以上の兵士を朝鮮半島に派遣できるというのは、相当な国力があったはずです。

日清戦争の開戦時、日本軍が派遣した部隊は5千人です。古代日本は、それをはるかに超える規模での軍派遣をしているのです。それだけの船と兵士を用意するには、国が相当に豊かで、国家システムも整っていなければなりません。

大化の改新による国家変革の成果が現れたと言えます。

白村江の戦いでは日本は敗北してしまいます。

いくら大船団を派遣したとはいえ、陸続きの方が大兵力を結集できるため、軍勢で唐・

新羅軍の方が上回っていたのです。

白村江の戦いの直後、大和朝廷は唐・新羅の連合軍による日本本土への侵攻に備えました。天智6(667)年には、臨戦態勢を整えるため交通の便のいい近江大津に都を移しています。壬申《じんしん》の乱の後に都が飛鳥に戻されるまでの5年間、日本の首都は近江大津だったのです。

また、九州北部には「水城《みずき》」という全長1・2キロ、高さ9メートルに及ぶ大堤防をつくりました。これは九州の筑紫平野を南北に遮断し、唐・新羅の連合軍の北上を防ぐためのものでした。

このようにして、朝廷は急遽、大掛かりな防戦体制を整えたのですが、唐・新羅の連合軍は、日本本土に侵攻することはありませんでした。

唐と新羅は、朝鮮半島最大の勢力だった高句麗を滅ぼし、百済も滅ぼしましたが、彼らの侵攻はそこで止まり、日本列島にまでは及ばなかったのです。

これには、白村江の戦いが大きく影響していると考えられます。

敗れたとはいえ、日本は海を越えて数万もの大兵団を派遣しました。唐としても、日本を簡単に攻めることはできない、という意識が働いたと考えられます。

大和朝廷は白村江の戦い以降、朝鮮から手を引き、平和外交に徹します。そして、遣唐使を派遣するなど、唐とも良好な関係を築きました。

# 第2章

# 平安貴族は脱税で墓穴を掘った

## 天然痘のために公地公民制が傾く

前章で述べたように、古代日本は豪族の土地をすべて取り上げ、公地公民制の強力な中央集権国家をつくりあげました。

その根幹には「班田収授の法」があります。

すべての農地を管理し、民に均等に給付するというこの「班田収授」は、非常に大きな困難を伴う大変な作業だったと考えられます。古代日本はこの困難な作業をやり遂げたのです。

しかし、班田収授の施行から100年も経たずして、朝廷は大きな「法の抜け穴」をつくってしまいます。

それが「荘園」です。

ご存じのように、この荘園は奈良時代後半から平安時代に急速に増殖し、朝廷政権の崩壊の一因となってしまいます。

荘園が生じた原因は、朝廷の財源不足でした。

国家がすべての土地を管理するという班田収授の制度では、人々の暮らしはそれなりに安定します。しかし、それ以上の発展性はあまりありませんでした。以前のように、豪族たちがこぞって新しく田を切り開くことがなくなったのです。そのため、班田する田地の確保がままならなくなっていきました。

しかも当時は、自然災害を現代ほどうまく制御はできません。台風や洪水などによって打撃を受けた地域は、しばらくは収穫が不可能になるということもあったのです。

そういう自然災害へのリスクヘッジのためにも、新しい農地を切り開くことが必要でした。朝廷による農地開墾も行われていましたが、費用がかかるので、そうそうできるものではありません。

だから、朝廷としては、民が自発的に新しい田を開拓するように仕向けようとしました。

そこでまず養老7（723）年に「三世一身《さんぜいっしん》の法」が施行されます。

三世一身の法とは、新しく田を開墾した場合、自分を含めて三世代（孫の代）まで開墾田の私有を認める、というものでした。三世一身の法により、「土地の私有禁止」の原則が崩れることになりました。

また、8世紀には様々な疾病が猛威を振るいます。

特に天平7（735）年から天平9（737）年にかけて起こった天然痘の大流行は、日本社会に大きな打撃を与えました。当時の人口の2割以上にあたる100万人以上が死亡したともいわれ、藤原不比等の4人の息子をはじめ、朝廷の主要人物の多くも犠牲になってしまったのです。

朝廷としては、この天然痘の対策を取らなければなりませんでした。

当時は、科学が未発展であり、天然痘の医学的な対策法はありませんでした。必然的に、「神仏」に頼るしかなかったのです。時の聖武天皇も、打開策を神仏に求めました。

天平13（741）年、聖武天皇は、日本中に国分寺、国分尼寺をつくることを命じました。そして、天平15（743）年には大仏（東大寺）の造立《ぞうりゅう》を決定します。

その財源として考え出されたのが「墾田永年私財法」なのです。

墾田永年私財法は、三世一身の法をさらに大きく緩めたもので、新たに開墾した田は永久に私有していいという法律です。

これにより「すべての田は公有」とした律令制の理念が崩れることになりました。

当初、墾田永年私財法には、一定の手続きがありました。

まず、開墾をする場合は、開墾予定地を国司に申請しなければなりませんでした。予定地が、付近の農民の邪魔になるところは開墾不可とされました。

また、開墾すると申請した土地を3年以上、開墾しなかった場合は他人に開墾させることになっていました。

さらに、開墾できる土地の面積には制限がありました。

開墾制限は次の表の通りです。

**墾田永年私財法の開墾面積の上限**

| 身分、官職 | 開墾の上限面積 |
|---|---|
| 親王一品、朝臣一位 | 五百町 |
| 親王二品、朝臣二位 | 四百町 |
| 親王三品、朝臣三位 | 三百町 |
| 親王三品、四品、朝臣三位、四位 | 二百町 |
| 朝臣五位 | 百町 |
| 朝臣六位～八位 | 五十町 |
| 初位以下 | 十町 |
| 地方官・郡司の大領、少領 | 三十町 |
| 地方官・主政、主帳 | 十町 |

※一町とは、おおむね100メートル四方

一町というのは、おおむね１００メートル四方（1平方キロメートル）です。朝臣五位の上限である百町となると千メートル四方です。これは相当に広く、東京ドーム20個分以上になります。

また、この広さの制限は当初、寺社には課せられていませんでした。

天平勝宝元（７４９）年にようやく寺院の面積制限が設けられましたが、東大寺四千町、元興寺二千町、諸国の国分寺が千町、一般の寺が百町であり、親王、朝臣と比べても相当に広かったのです。

そのため、寺社の私田は爆発的に増加することになりました。

また、この広さの制限はやがて事実上なくなってしまい、寺社も貴族も無制限に荘園を広げていくことになります。

## 墾田永年私財法により「脱税」が横行

「開墾した田を永久に私有できる」と言っても、その田からは税を納める義務はあるため、朝廷の税収は増えました。

その増収分で、奈良の大仏や国分寺をつくったのです。今も全国に「国分寺」や「国分」という地名が残っていますが、このときにつくられた国分寺がその由来です。

しかし、墾田永年私財法で一時的に税収は増えても、長い目で見ると大きな減収となりました。なぜでしょうか。

新たに田を開墾できる者というのは、大勢の人夫を動員できる豪族に限られていました。必然的に貴族や寺院、地方官、地方豪族などが、浮浪者や貧窮した農民を使って開墾を進めます。結局、貴族や豪族が肥え太ることになっていきました。せっかく大化の改新で貴族や豪族の力を弱めることに成功したのに、また豪族が台頭してくることになったのです。

そして、貴族や豪族が切り開いた私有田に雇われる農民が増え、班田（公の田）が放棄されるようになりました。班田には徴兵や労役がありましたが、私有田にはそれほど重い役《えき》はなかったので、私有田に移る農民が多かったのです。

つまりは、農民たちは「税を逃れるために公田《こうでん》を放棄した」ということです。

当然、それは朝廷の税収を大きく減らすことになったのです。

また、聖武天皇は国分寺建設や大仏造立のために、墾田永年私財法とともにもう一つ大きな財源改革を行っています。

それは「不動穀」の転用です。

不動穀とは、災害や飢饉などに備えて、税の一部を蓄えておいたもののことです。国衙や郡衙（地方の役所）に設置された不動倉には、天平時代（７００年代前半）には、30年分の米が貯蔵されていたとされています。

この不動穀の一部を国分寺などの建設費用のために転用させたのです。この財政改革により不動穀の理念が崩れ、地方の役人や豪族たちがなし崩し的に不動穀を転用することになってしまったのです。

結局、それは大宝律令によって整えられた財政体系や税体系を崩壊させることにつながっていきます。

8世紀中ごろから「土地売券《ばいけん》」と呼ばれる土地取引の証書が見られるようになります。土地売券というのは、米などの代価として土地を売るという証文です。この土地売券が日本史上で見られるようになったのは、8世紀中ごろ（750年ごろ）からです。

これを見ると、それまで禁止されていた土地の売買が、8世紀中ごろからなし崩し的に解禁されたということがわかります。

こうして律令制の土地私有禁止令がほころび始めたとみられます。つまり、公地公民制は100年程度しか保たなかったのです。

## 蝦夷地との戦争でさらに財政が悪化する

天然痘の被害などで、墾田永年私財法をつくってしまった奈良朝廷に、さらなる困難が押し寄せます。

蝦夷《えぞ》地問題です。

蝦夷地というのは北海道のことを指すと思われがちですが、もともとは朝廷の統治圏外にある地域のことを指す言葉でした。

奈良時代になっても、東北の一部と九州の一部はまだ朝廷の統治圏に入っておらず、北海道はまだまったく統治圏外だったのです。

その統治圏外の人々と大和朝廷は、たびたび諍《いさか》いを繰り返していました。

特に、東北地方の蝦夷に朝廷は悩まされ続けてきました。

東北の蝦夷というと、アイヌ人というふうに思われがちですが、決してアイヌ人ばかりではありませんでした。古代の東北地域には、関東などから大勢の倭人が移住してきていました。倭人とアイヌ民族が混然としていたのです。

そして、奈良時代末期くらいになると東北地域の人々は独自の文化を持つようになり、中央政権とは距離を置くようになったのです。

しかし、京都の中央政権は東北の「独立」を許しませんでした。

そのため、たびたび軍を派遣したり東北地域の豪族たちを鎮撫したりして、支配地域を拡大させてきたのです。

大和朝廷は、蝦夷と接する地域には「城柵《じょうさく》」という防御要塞のようなものを築きました。

城柵には官庁が併設され、そこで蝦夷対策の陣頭指揮が執られました。

『日本書紀』によると大化3（647）年、新潟市付近に城柵をつくったのが最初です。

城柵には「柵戸《さくこ》」が置かれました。柵戸というのは、城柵の周辺に住まわされる人々のことです。柵戸の人々は、通常は庄田などで農作業に従事し、戦いが起きたときに兵士になっていたと見られています。明治期の屯田兵のようなものです。

朝廷から東北に派遣された国司は、征伐や饗応により、蝦夷を配下に収める役割を持たされていました。蝦夷人たちが朝廷に服することになると、税を納める戸が増える「戸口増益」ということになり、褒美の対象となったのです。

たとえば、斉明元（６５５）年には、北（越《こし》）の蝦夷99人と東（陸奥）の95人が朝貢し、斉明４（６５８）年には蝦夷２００人が朝貢したという記録が残っています。

しかし、蝦夷の人々もそう簡単に大和朝廷に下るわけにはいきません。

大和朝廷に下るということは、蝦夷の人々にとってはこれまで払っていなかった税を払うことになるからです。

だから、アイヌ民族はもとより東北に移住していた大和民族の人たちも、中央政権に反旗を翻すことが多々ありました。

その最大のものが「38年戦争」です。

この戦争は、奈良時代末期の宝亀５（７７４）年から始まり、38年もの間、続いたのです。

名将として名高い坂上田村麻呂《さかのうえのたむらまろ》により最終的に鎮圧されましたが、平安朝廷はこの乱により、多大な負担を余儀なくされました。

「38年戦争」が日本社会に及ぼした影響は決して小さくありませんでした。

まず「治安の悪化」です。

東北38年戦争で敗れた東北の人々（蝦夷の人たち）は、強制的に日本各地に移住させられました。彼らには一応の居住地域は与えられましたが、与えられた田地は荒れ地で食うに困って盗賊化したり、たびたび蜂起したりなどを繰り返しました。

彼らの存在は「俘囚《ふしゅう》」と呼ばれ、人々から恐れられました。そして、各地で自衛のために武装する者たちも増えていったのです。豪族は家人《けにん》たちに武器を与え、訓練を施しました。

それがやがて武家に発展していきます。武家の成り立ちにはいくつもの要因がありますが、「38年戦争」も確実にその一つだと言えるのです。

この武装団は関東以北に多く存在していました。関東以北は東北38年戦争の影響を強く受けており、また日本各地に強制移住させられた蝦夷の人たちも多かったからです。

やがて、関東の武装団は朝廷にとっては「火薬庫」となっていきます。平将門の乱も関東地域で起こったことです。そして、彼らの末裔は、やがて鎌倉幕府のベースとなる「関東武士団」になっていくのです。

## 脱税を蔓延させた「国司」とは？

平安時代には「国司」という官職が大きな力を持つようになります。国司とは中央政府から各地に派遣され、行政や徴税業務を行う役職のことです。もともとは、それほど上級ではない貴族、つまり「中級貴族」のポストでした。官位が従5位程度の貴族の役職であり、上級貴族が就くポストではありませんでした。

しかし、国司は平安時代を通じて大きな力を持つようになり、平安時代後半には源氏、平氏を輩出することになったのです。

国司というポストは、大化の改新以降につくられたものです。

大化の改新以前、日本の各地はその地域のボスである豪族が支配していました。豪族たちは支配地域から税を徴収しつつ、天皇に臣従し貢納をしていたのです。当然、大きな中間搾取があります。

大化の改新では中間搾取をなくすために豪族の支配をやめさせ、朝廷による直接統治を始めたのです。その担い手が国司でした。

朝廷は国司を各地に派遣しました。国司は豪族に代わってその地域の行政や徴税を担う役割を持っていたのです。

もちろん、豪族のような恣意的な徴税・貢納ではなく、決められた通りに徴税し、朝廷にそれを送ることを旨としていました。

そして、国司は当初、門閥によらずに優秀な人材を充てることになっていました。

しかし、平安時代になると、この国司たちが腐敗し、門閥化していきます。

行政や徴税の基本的な制度は律令によって決められていましたが、実際の徴収業務は国司に任されていました。

特に戸籍の作成が曖昧になっていく9世紀ごろからは、国司の権限が非常に大きくなりました。明確な戸籍がないので、徴税額などが国司の判断で決められるようになっていったのです。

## 偽の戸籍で脱税する農民たち

墾田永年私財法によって班田収授のシステムはぐらつき始めましたが、平安時代になると、さらに加速度的に崩壊していきます。

私的農地である「荘園」が爆発的に拡大していったのです。

荘園が増えたパターンは、大まかに言って二つあります。

一つは、前述のように、単純に墾田永年私財法により新田を開墾して増えたパターンです。

もう一つは、戸籍調査が行われなくなったため、公地や公民の所在が曖昧になり、その曖昧な公地が荘園化されてしまうというパターンです。

班田収授システムは、その前提として領民の人数の把握が必要となっていました。そのため、律令制では「造籍」といって6年に一度、戸籍がつくられることになっていました。そして、その戸籍を元に班田も6年ごとに行われることになっていました。しかも、全国一斉にです。これは奈良時代まで、おおむね守られていました。

しかし、平安時代に入った800年代の初めごろから、戸籍の作成が全国一斉で行われることはなくなり、各地でまちまちに行われることになったのです。

戸籍の作成が行われなくなると、必然的に新たに納税の年齢に達した者への田の班授や、老齢となった者の田の収公が行われなくなります。

そうなると、口分田を事実上、私有する者が生じてきました。また、自分に配給されている口分田を勝手に貴族や寺社などに寄進してしまう者も出てきました。つまり、公地の農民が脱税のために、公地を勝手に荘園にしてしまうのです。

また、時々作られる戸籍には女性や高齢者が異常に増えました。60歳以上は、班田収授からはずされるので、それを狙った偽の申請が激増したのです。農民にとって租税自体はそれほど負担ではなかったはずですが、労役や兵役は大きな負担でした。それを忌避しようとしたのです。

前述したように、奈良時代末期から東北地方で「38年戦争」が行われており、農民にも多大な負担がかかっていました。８００年代の後半には、納税者の数が奈良時代の３分の１に激減したという推計報告もあります。つまり、農民の半数以上が脱税していたのです。

## 富裕な農民の脱税

この頃になると、農民の中にも富裕な者と貧しい者の差が生じてきて、貧しい者は富裕な者に対して、稲などの借財があることが多くなりました。その借財の肩代わりとして、富裕な農民が貧しい農民の田を所有するようにもなったのです。

しかし、貧しい農民の田というのは、公田です。公田を手に入れた富裕の農民は、それを私田（荘園）にしてしまいます。

もちろん、それは違法であり、本来は国司の追及を受けることになります。

が、富裕な農民たちは京都の貴族と結びつき、国司からの追及を逃れるようになりました。一定の貢物を差し出すことで、京都の貴族に後ろ盾になってもらったのです。

こうして口分田が減り、荘園が拡大していったのです。

もちろん、朝廷の税収は減っていきました。

## 農民・役人・貴族が結託した脱税スキーム

つまり、平安時代の社会では、農民や役人（国司）、京都の有力貴族が結託した「脱税スキーム」のようなものが出来上がっていました。

貧しい農民は戸籍を誤魔化して脱税し、それでも生活が苦しくなれば、富裕な農民に自分が与えられた公田を売ることで税を逃れます。

富裕な農民は貧しい農民から買い取った公田を荘園化し、税を逃れます。その際に、役人（国司）に賄賂を贈り、違法な荘園化を黙認してもらいます。

国司は京都の有力貴族に貢物を贈って後ろ盾になってもらい、朝廷からの追及を逃れます。

農民・役人・貴族が結託した脱税スキームにより、朝廷の公田は瞬く間に減り、税収が不足することになってしまいます。

朝廷の方も、「荘園の拡大」にただ手をこまねいていたわけではありません。たびたび「荘園整理令」を出し、これ以上の荘園の増殖を防ごうとしました。「荘園整理令」というのは、不正によって荘園化された農地を没収してしまう命令のことです。

最初に荘園整理令が出されたのは、延喜２（９０２）年のことです。

「延喜の荘園整理令」では、民が田地を寺社や貴族に勝手に寄進することを禁止し、土地の由来がはっきりしない荘園は整理されました。

また今後、荘園を増やすときには、国司の許可が必要ということになりました。

「延喜の荘園整理令」以来、ほぼ天皇の代が変わるごとに「荘園整理令」が出されました。

### 平安時代の農民・役人・貴族が結託したスキーム

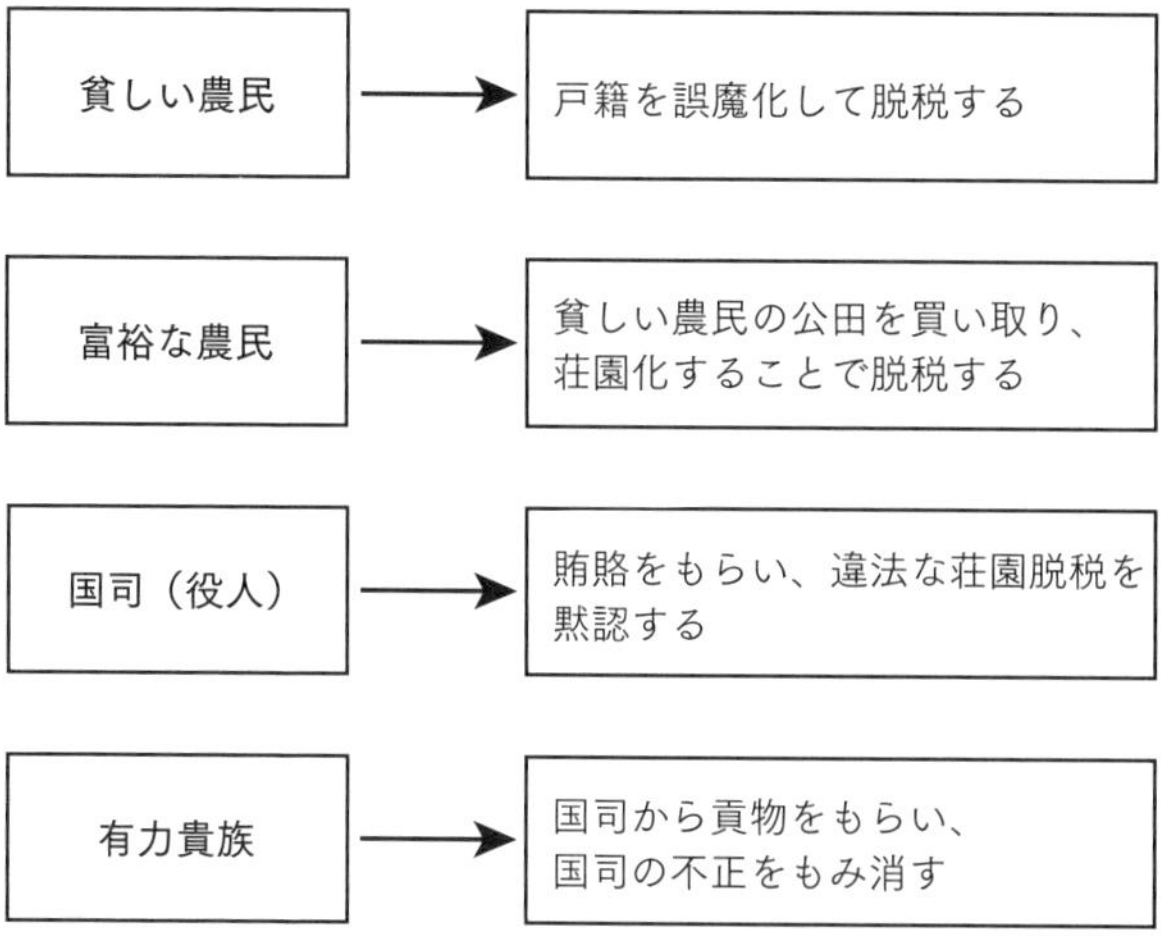

しかし、班田収授システムの崩壊と荘園の増殖は止めることができませんでした。

## 脱税を取り締まって失脚した菅原道真

荘園が拡大して朝廷の財源が減るのは、徴税責任者である国司の腐敗が大きな要因でした。朝廷もこの弊害を認識し、たびたび国司の改善策を打ち出しました。

たとえば、天長元（８２４）年には次のような法令が出されています。

・観察使を派遣し国司の業務を監視させる
・優秀な国司は複数の国を兼任させる
・国司は任期中に一、二度入京し、天皇に業務報告を行う

このような朝廷の努力にもかかわらず、国司の腐敗は改まりませんでした。国司は有力貴族が後ろ盾になっているので、簡単にはつぶすことができなかったのです。

国司の腐敗をなくそうとして、逆に悲劇の最期を遂げたのが、かの菅原道真です。

菅原道真は、貴族としては名門の出ではありませんでしたが、２３０年間でわずか65人しか合格者が出なかったという、当時の最高国家試験である文章得業生《もんじょうとくごうしょう》に合格するなど

秀才ぶりを発揮し、讃岐守（現在の香川県知事にあたる）などの重要ポストに就いて、当時の宇多天皇の信頼を得ました。

そして、昌泰２（８９９）年には右大臣、現在の首相のような地位にまで上り詰めます。しかし、その直後に無実の罪を着せられ、昌泰４（９０１）年、大宰権師《だざいのごんのそつ》（大宰府の副指令長官）に左遷されてしまいました。その後、名誉を回復することなく、京都に帰ることもないまま、大宰府で死んでしまうのです。

菅原道真に濡れ衣を着せた藤原時平やその関係者が次々に不審な死を遂げたので、一時は「道真の祟《たた》り」と言われ、朝廷はパニックに陥ります。学問の神様として名高い「天満宮」は、菅原道真の霊を慰めるために建てられたものです。

菅原道真の失脚は、古代史の謎の一つにもなっています。

菅原道真は貴族の中では決して名門ではなかったので、藤原氏など他の名門貴族に嫉妬されて失脚したというのが、もっとも一般的な見方です。もちろん、それも要因の一つでしょう。

ただ、当時、菅原道真は「首相クラス」です。

しかも、宇多上皇という超強力な後ろ盾も持っていました。簡単に首を切ったり、左遷したりできるものではありません。ちょっと嫉妬されたくらいで、失脚してしまうことはないはずです。

では、なぜこのようなことが起きたのかというと、「農民・役人・貴族の脱税スキーム」に手を入れてしまったからです。

菅原道真は、「寛平《かんぴょう》の改革」と呼ばれている国制改革を指揮していました。寛平の改革では、「農民・役人・貴族の脱税スキーム」を止めるために、京都の有力貴族と悪徳国司、富裕農民との関係を絶ち切り、清廉な国司による適正な徴税を復活させようとしたのです。

この改革を切望していたのは、宇多上皇でした。宇多上皇は当時すでに天皇を退位して上皇となっていましたが、まだ国政に影響力を持っており、改革の実行責任者として菅原道真を指名したのです。

この悪弊を行っていたのは、名門の貴族たちです。

菅原道真は、貴族としては名門ではないので、改革実行者としてはうってつけでもありました。だからこそ、宇多上皇から改革担当者として指名されたのです。

もちろん、この改革に対して名門貴族たちは反発します。

彼らは菅原道真が右大臣に就任した途端に結託し、宇多上皇の隙を見て、道真を追い落としてしまったのです。

## 脱税ほう助で莫大な富を築いた藤原道長

平安時代になると、国司は一定の徴税分だけを中央に送り、残った分は着服するようになっていきました。つまり、国司による中間搾取が多くなったのです。農民たちは朝廷に訴え出たり、国司を襲撃するようなことも頻繁に起きました。

しかし、すでに述べたように国司の抜本的な改革をしようとした菅原道真は、他の貴族たちの猛反発をくらって失脚し、大宰府に流されてしまいます。

やがて、朝廷は国司の中間搾取を認めるようになります。一定の税収を確保できれば、それを上回った分は国司の取り分にしていいということになったのです。朝廷としては、財源を確保するための苦肉の策でしたが、農民たちはたまったものではありません。

国司は規定以上の税を取り立てるようになったり、逆に農民が税を少なくしてもらうために賄賂を渡してくることも多々ありました。こうして、ますます公田が荘園化していきました。

当時の貴族たちにとって、国司というポストは非常に美味しいものとなっていました。

特に「熟国《じゅくこく》」と呼ばれる豊かな地域に赴任する国司は、非常に潤うことになりました。

そのため、貴族たちは誰もが国司になりたがるようになったのです。

しかし、国司になるには、本人の力量よりも門閥の力が重要となっていきます。家柄がよくないとなかなか国司にはなれず、有力な貴族の後ろ盾が必要だったのです。

そのため、国司の希望者は有力な貴族に取り入って家来のようになったり、賄賂を贈ったりもするようになりました。また、有力貴族は自分の息がかかったものを熟国の国司に任命することが多々ありました。

この「国司の不正システム」をもっとも活用したのが、あの藤原道長です。

藤原道長は、「摂関政治」で一時代を支配した藤原氏の象徴的な人物です。藤原氏は娘を天皇に嫁がせて、次期天皇の外祖父となり、摂政・関白という天皇を補佐する役職に就いて権力を握りました。

藤原氏の権力が絶頂のころ、国中の主な国司の任命権は藤原氏が握っていました。

そのため、藤原氏には国司や国司希望者から多額の賄賂が贈られていたのです。

寛仁2（1018）年には、藤原道長の邸宅を諸国の国司に割り当てて造営させ、その際に国司の伊予守源頼光《いよのかみみやもとのよりみつ》が家具調度一切を献上したという記録が残っています。

また、この当時の国司は京都に帰国するたびに、大量の米と地方の産物を藤原一族に寄進しています。

藤原氏というと、荘園で巨額の富を築いたというイメージがありますが、藤原氏が荘園を拡大したのは12世紀以降のことであり、藤原道長の時代では賄賂が富の主財源だったのです。

つまり、藤原氏は賄賂によって「我が世の春」を謳歌していたわけです。

しかし、この藤原氏の蓄財術は、自分の墓穴を掘るものでもありました。

国司たちは本来国に治められるべき税を不正に横取りしていたのです。そして、国司が藤原氏に巨額の贈賄をするということは、国司たちはその贈賄分よりも大きなメリットがあったということです。

つまり、藤原氏が受け取っていた賄賂の何倍もの富が国司の手に渡っていたわけです。その分、国の税収が減っていきます。国の税収が減り、朝廷の権威が落ちていけば、藤原氏の存立基盤も危うくなっていくのです。

藤原氏など平安の高級貴族たちというのは、なんやかんや言っても、朝廷の威厳の中で生きていました。朝廷に威厳があるからこそ、その朝廷の中で高い身分である彼らが栄華を謳歌できていたのです。

国司たちの不正を容認し、朝廷の財力が削られていけば、やがて自分たちの存立基盤が脅かされることになります。

藤原氏をはじめとする平安時代の高級貴族たちは、そこに気づいていなかったのです。

## 朝廷の財源不足のため各地に武家が誕生する

平安時代の後半には、国司の中から軍事力を持つ者が現れるようになりました。彼らは軍事貴族と呼ばれ、平安時代の末期には政治を左右させるほどの大きな勢力を持つようになります。

源平合戦を繰り広げた源氏も平氏ももとは国司の家柄であり、源平と三つ巴の争いをした木曽義仲もそうです。

なぜ国司が軍事貴族に変貌し、勢力を持つにいたったのでしょうか?

そもそも平安時代までの国家システムの中では、「武」を専門とする貴族や公家というものは存在しませんでした。戦乱が起きれば高級官僚（公家）の中から指揮官が指名され、徴兵された兵を率いて戦争に向かったのです。

そして、高級官僚には文官と武官の区別はありませんでした。たとえば、奈良時代には、万葉集の歌人として有名な大伴家持が征夷大将軍に任命されたこともあります。

しかし、平安時代の末期になると、「武」を専門とする公家や貴族が登場してきたのです。

その大きな要因は班田収授制度が壊れたことです。

前述したように、9世紀中ごろには戸籍が改訂されなくなり、10世紀になると班田収受がほぼ行われなくなりました。

これは国の軍制にも大きな影響を与えます。

戸籍が曖昧になったため、律令で決められた徴兵が難しくなってきました。だから、徴兵のやり方も、国司に任されるようになったのです。朝廷は国司に対して「とにかく有事の際には兵を集めろ」と命じたのです。

そのため、国司はその地域の豪族などを手なずけて、いざというときの兵力として確保するようになりました。

当時は治安が悪化しており、自衛のために武装している豪族が多々いました。国司はそういう連中と関係を築くことにより、有事の際の軍事力を保持したのです。

そのため、一部の国司は大きな軍事力をも握ることになりました。

やがて、そういう国司たちが内乱の鎮圧などで手柄をあげるようになったのです。

そして、戦争で功績のあった者が重用されるようになり、それが子孫にも引き継がれて、軍事を専門とする公家や貴族が生じてきました。

その中に、平氏や源氏もいたのです。

社会が混乱し、戦乱が頻発するようになると、必然的に軍事貴族たちの活躍の場が多くなり、政治のイニシアティブを握ることになります。平氏や源氏などの軍事貴族たちは、平安時代末期には、かなりの権勢を持つようになっていきました。

当初、下級貴族のポストだった国司が、平安時代末期には政治を左右するほどの存在になったのです。

# 第3章

# 源平合戦は脱税合戦だった

## 関税の脱税で富を築いた平氏

平安時代の末期には平氏と源氏が大勢力を持ち、源平合戦と呼ばれる壮絶な戦いの末、源氏が勝利し、「武家の世の中」が到来しました。

実はこの平氏と源氏の勃興には、いずれも「脱税」が大きく関係しています。

まずは、平氏の勃興から見ていきましょう。

平清盛の出身である伊勢平氏は「平将門の乱」で武功を立てるなど軍事貴族としては名門でした。ただ、軍事貴族自体が朝廷の中では新興勢力であり、貴族としては決して位の高い方ではなく、政治への参画も許されていませんでした。

しかし、清盛の父、忠盛の時代に朝廷に食い込みます。忠盛は財力を生かして、天皇や上皇に莫大な貢物をするなどして寵愛と信頼を得たのです。

忠盛がどうやって財力を得たかというと、「交易」と「脱税」です。

忠盛の時代には、遣唐使は廃止され、公的な対外交易は行われていませんでしたが、私的な対外貿易は行われていました。

そして、当時の対外貿易では国家の買取占有権というものがありました。これは関市《げんし》令《りょう》という法律に定められたもので、「外国から交易船が入ってきた場合、朝廷から役人が派遣され、まず優先的に買取が行われる。その後、残りの物を貴族や商人が買い取る」というものでした。

国家の買取占有権は、現代の「関税」の代わりでした。とはいえ、輸入品の一番めぼしいものを国家が優先的に買い取れるのですから、貿易のもっとも美味しい部分を国家が徴収するわけであり、関税としては非常に大きいものだったと言えます。

しかし、平安時代後半になると朝廷の監視が緩み、交易船が入ってくると、めぼしいものを有力貴族が先に買い取ることもしばしばありました。いわば、関税の脱税をしていたわけです。藤原道長なども、天皇さえ持っていない貴重な宋の品々を持っていたとされています。

また、交易船が入ってきても朝廷に報告もせず、役人にまったく手を出させない、つまりは密輸状態になることもあったようです。

朝廷の監視の緩みを突いて大儲けしたのが、平忠盛だったのです。

平忠盛は各地の国司を歴任しており、越前守（越前の国司の長官）を務めているとき、日宋貿易が大きな富を生むことを知ったと見られています。当時、越前の敦賀港は、博多に次ぐ日宋貿易の拠点だったのです。

忠盛は、佐賀の神崎荘《かんざきのしょう》の荘官だったときには、神崎に宋船を招き入れて交易をしていました。対外貿易の監督官庁だった大宰府の目と鼻の先だったにも関わらず、忠盛の日宋貿易は大宰府の干渉をまったく受けませんでした。堂々と関税の脱税を行っていたというわけです。もちろん、貿易の旨みをしっかり享受することができました。

## 博多港と神戸港を開いた平清盛

忠盛の息子、平清盛の代になると、交易脱税ビジネスはさらに大胆になります。

平清盛は、保元3（1158）年に大宰府の「大宰大弐《だざいのだいに》」という官職につくなど、貿易の現場に深く携われるポストを奪取していきます。このころになると、朝廷の目を盗んで関税の脱税をするのではなく、朝廷の貿易担当のポストに就任し、堂々と公貿易を私有化して荒稼ぎをするようになったのです。

「大宰大弐」という官職は、実質的に大宰府の最高責任者とも言えるポストです。

清盛はこのとき、筑前の実力者である原田種直を重用し、「大宰権少弐《だざいのごんのしょうに》」というポストに就けました。「大宰権少弐」というのは、清盛の「大宰大弐」に次ぐポストで、現場責任者とも言えるものでした。

清盛の日宋貿易の実務を取り仕切っていたのは、この原田種直と見られます。原田種直に関係の深い福岡県糸島市の木船《きふね》の森遺跡からは、中国の陶磁片が大量に見つかっています。

また、清盛はこのとき博多に日本初となる人工港（袖の港）をつくったとされています。

そして、清盛はさらに貿易へ入れ込むことになります。博多よりもはるかに京都に近い兵庫に、貿易拠点となる港を整備しようと考えたのです。

清盛は、福原（現在の神戸市）に別宅を構え、長寛元（１１６３）年には、大輪田泊《おおわだのとまり》港（現在の神戸港）に大改築工事を施しました。

これで、大輪田泊港には宋や全国各地からの産品が集積され、畿内の一大交易拠点となりました。現在も神戸は国際港として日本の流通拠点となっていますが、清盛にその起源があるのです。

嘉応２（１１７０）年、清盛は福原にて後白河上皇に宋の商人を引き合わせています。当時、天皇や上皇が外国人と直接会うのはタブーとされており、公家や貴族の中からは非難の声も上がりました。それでもタブーを破れるということは、平清盛の権勢がそれだけ強かったということでもあります。

また、翌年の承安元（１１７１）年には、宋からもたらされた羊などを後白河上皇に献上しています。これは余談ですが、当時、都では疾病が流行しており、「清盛が献上した羊のせいだ」という風聞が巷に流れたそうです。すでに清盛の評判は非常に悪化していたからでしょう。

平清盛は後白河天皇の信任を得て太政大臣にまで上り詰め、娘を天皇に嫁がせることでさらに権力を強化しました。

最終的には国政の実権を握り、清盛に歯向かおうとした後白河上皇を幽閉しています。権勢をほしいままにし、平家一族に日本中の富と利権を集中させたのです。

「平家に非ずんば人に非ず」とさえ言われました。

平家の隆盛は、平清盛が日本の貿易を取り仕切り、発展させることで手に入れたのです。

## 鎌倉武士は脱税集団だった

平清盛が強大な勢力を持ち、朝廷を牛耳っているとき、その対抗勢力として、同じく軍事貴族の源頼朝が現れます。

源頼朝は、鎌倉武士といわれる武家（主に東国）たちを結集し、大きな勢力を得たために、平氏との戦いである「源平合戦」に勝利し、鎌倉幕府を開くことができました。

実は、源頼朝が率いた武家集団というのは、京都の朝廷や貴族の支配から抜け出そうとした「脱税集団」がその起源となっているのです。

その経緯を説明しましょう。

平安時代の後半、荘園は全国各地に広がっていましたが、その名義上の領主はそのほとんどが京都の貴族でした。

つまり、日本全国の荘園の持ち主は京都に集中していたのです。当然のことながら、京都から地方の田を管理・運営するのは非常に困難です。

そうなると、京都から有能な者を派遣して経営を任せたり、現地の豪族に管理を委ねるということになっていきます。

そして、荘園を任せられた者たちが、だんだん荘園内で実権を握っていきます。そういう者たちのことを「在地領主」や「名主」と言います。

「在地領主」や「名主」たちは、最初は、荘園領主の命令に従っているだけでしたが、やがて荘園領主の支配に反発したり、支配から抜け出すようになってきました。決められた租税を払わなかったり、たくさんの中間搾取を行い、貴族や朝廷にはほとんど入ってこないという状況が生まれていたのです。

もともと東国（関東以東）というのは、朝廷にとって統治しにくい場所でした。蝦夷地域と接しており、反乱分子が多いうえに独立心も強かったからです。平安時代には「東国の租税は、他の地域の半分でいい」とさえ言われていました。そのくらい、東国は徴税しにくいとされていたのです。

そのため、東国では平安時代の末期になると、中央のコントロールが利かない「在地領主」「名主」が激増してきました。

「在地領主」や「名主」は、平安時代の治安の悪化に伴い、各自が強固に武装するようになりました。「在地領主」「名主」たちの間では、土地の所有権などを巡って、小競り合いをするようになり、必然的に武力が必要となったのです。

彼らは、馬や武器を揃え、家人たちに訓練を施しました。

こうして「武家」が誕生していったのです。

平氏や源氏などの軍事貴族というのは、この地方の武家たちを統率し、内乱の鎮圧などにあたることで勢力を伸ばしていったのです。

ただ、平氏と源氏では、武家への対応がまったく違いました。

平清盛は、この武家たちを朝廷のシステムの中で支配しようとしていました。土地の支配権はあくまで朝廷や中央貴族にあり、各地の武家は朝廷や中央貴族たちから土地の管理を委ねられているにすぎない、という姿勢を崩さなかったのです。

しかし、源頼朝は武家たちに土地の所有権や徴税権を認め、朝廷や中央貴族たちの支配から解放しようとしたのです。

源頼朝は武家たちに対してその約束をすることで、武家たちの支持を得ることに成功し、平氏をしのぐ軍勢を率いることができたのです。

## 源頼朝の土地改革とは？

源頼朝がどうやって脱税集団だった武家たちを結集させていったのか、具体的に見てみましょう。

源頼朝は、よく知られているように、少年時代に島流しにあってしまいます。

平治元（１１５９）年、頼朝の父、義朝が平治の乱で平清盛に敗れ、戦いに参加した一族はことごとく殺されました。頼朝だけは年少だったため命は助けられましたが、伊豆に流されてしまうのです。

頼朝の伊豆での生活は20年にも及びました。

治承４（１１８０）年、二条天皇の弟の以仁王《もちひとおう》が、朝廷を牛耳る平清盛を倒すために、全国の源氏一族に秘密の挙兵命令を出します。

頼朝は、それに応じて伊豆で挙兵するのです。

頼朝は20年も伊豆に流されており、武家の統率力も薄れていました。

それにもかかわらず、どうやって東国の武家勢力を結集させたのかというと、武家の権利を朝廷に認めさせたからです。

頼朝は、寿永3（1184）年2月25日、朝廷に対して4箇条の奏聞《そうもん》（提案）をしています。

そのうちの第2条で、「平家討伐の命令を下してほしい」と述べています。朝廷の討伐令があれば、全国の武士団を動員することができるからです。

そして、この中で頼朝は「戦においての武家への勲功は自分が行う」としています。つまり、「戦に参加した武家に、朝廷は勝手に恩賞を与えてはならない」としたのです。

実はこれは、旧来の国家システムからは大きく逸脱したものでした。

旧来の国家システムでは、軍を動員したり、戦争を指揮するのは朝廷であり、勲功も当然、朝廷が行うものでした。

頼朝はこのルールを変えて、自分が武士団を管理・統括し、朝廷は武士団のことには口出しできないようにしようとしたのです。武家を朝廷から切り離すことで、朝廷の影響力を排除し、自分が武家の長となって、新しい体制をつくろうということです。

頼朝は、ほかにも様々な権限を朝廷の後白河上皇に迫りました。

文治元（1185）年、源頼朝は「平氏との戦いのために兵糧を確保したい」として、朝廷から守護・地頭の設置と「兵糧米の徴収権」を認められます。

兵糧米の徴収権というのは、実は財政上、非常に大きな意味を持つものです。当時、米というのは、税として納められるものでした。だから、兵糧米を徴収する権利を持つということは、徴税権を持つのと同じことなのです。

そして、徴税権を持つということは、様々な付帯権も得ることができます。徴税するためには、その国々の収穫量や担税力を調べる権利を有することになります。つまりは、「会計検査権」を得ることができるのです。

またそのために、守護・地頭を各地に派遣する権利も獲得しています。これで各国に睨みを利かせることにもなりますし、財政的な基盤を得ることもできます。もちろん鎌倉幕府の大きな飛躍の契機になりました。


それにしても、後白河上皇はなぜこれほど気前よく、源頼朝に朝廷の権限を与えたのでしょうか？

おそらく平氏のあまりの権勢を恐れ、とにかく平氏を倒したいという思いが強かったのでしょう。後白河上皇は平清盛に対して警戒感を抱き、平家の力を削ごうとしましたが、逆に清盛に攻められ、幽閉されてしまったという経緯があります。

「これ以上、平氏をのさばらせておくわけにはいかない」という気持ちが、源頼朝に対する譲歩になったというわけです。頼朝の方は、後白河上皇から譲渡された権限を最大限に解釈し、まんまと鎌倉政権をつくってしまったのです。

## なぜ義経は殺されたのか？

源頼朝は、鎌倉幕府がほぼ成立していた文治5（1189）年、実弟の義経を殺害してしまいます。

義経は頼朝の右腕であり、源平合戦勝利の最大の功労者でもありました。

源義経の殺害は、日本史の大きな謎の一つとなっています。

しかし、鎌倉幕府成立の過程を見れば、義経の死の理由が見えてくるのです。

源義経は幼少期に頼朝と生き別れ、奥州平泉の藤原秀衡を頼り、その庇護を受けていました。頼朝の挙兵を耳にした義経は、心配する秀衡の制止の声も聞かずに兄のもとへ向かいます。そして、頼朝が東国の支配に専念し、鎌倉政権の基礎を固めている間、義経は平家追討の指揮を委ねられたのでした。

義経は将として非常に優れており、義経の活躍によって、源氏方は平氏に勝利できたと言えます。源平合戦において最大の功労者とも言えます。

しかし、頼朝は平氏を倒した後、この義経をあっさり殺害してしまうのです。

義経殺害については、頼朝の嫉妬説など多様な見方がされています。

義経殺害の直接の理由は、義経が頼朝の許可を得ずに、後白河上皇から検非違使《けびいし》・左衛門少尉の官職を与えられたこととされています。これは、寿永3（1184）年に後白河上皇が義経に平家追討を命じ、義経がそれに応じて平家を撃退したことに対する褒美でした。

これはそれほど大きなことではないように思うかもしれませんが、実は新生鎌倉幕府にとってはかなり重大なことだったのです。

というのも、源頼朝は、武家の褒賞や処罰を一手に行う権利を朝廷から獲得していました。この権利は、鎌倉幕府の根本とも言える重要なものだったのです。

この権利により、国の軍事権を頼朝が一手に握ることができました。各武家は朝廷ではなく頼朝に忠誠を立てる、それが鎌倉幕府の権力の源泉だったのです。

そのために、頼朝は各武家が朝廷と直接、接触することを禁じていました。武家が朝廷に取り込まれれば、武士団による新政権という構想が根本から崩れてしまうからです。

この鎌倉幕府の重大な大前提を、こともあろうに、弟の義経が崩してしまったのです。

「弟の義経を生かしておけば朝廷に取り込まれ、せっかくの幕府の支配体制が崩壊してしまうかもしれない」

ということだったのです。

もちろん、弟のあまりの軍功のあざやかさに嫉妬した面もあるでしょうが、義経と朝廷の接近が義経殺害の最大の理由だとして間違いありません。

## 守護・地頭の会計検査権とは？

「鎌倉幕府は全国各地に守護・地頭を置きました」

これは小学校の社会にも出てくる事柄です。

しかし、守護・地頭というのは、今一つわかりにくいですよね？

「領主とはどう違うの？」

「土地を管理する役人のこと？」

という疑問を持った人も少なくないでしょう。

守護・地頭がわかりにくいのは、鎌倉時代の成り立ちに理由があります。

鎌倉幕府の時代、つまり武家の時代というのは、朝廷政権のつくった社会をまったくひっくり返して新しくできたものではないのです。

それまで朝廷がつくってきた社会システムを基盤としながら、納税を縮小したり拒絶し

## 武士の時代到来による土地所有関係の変化

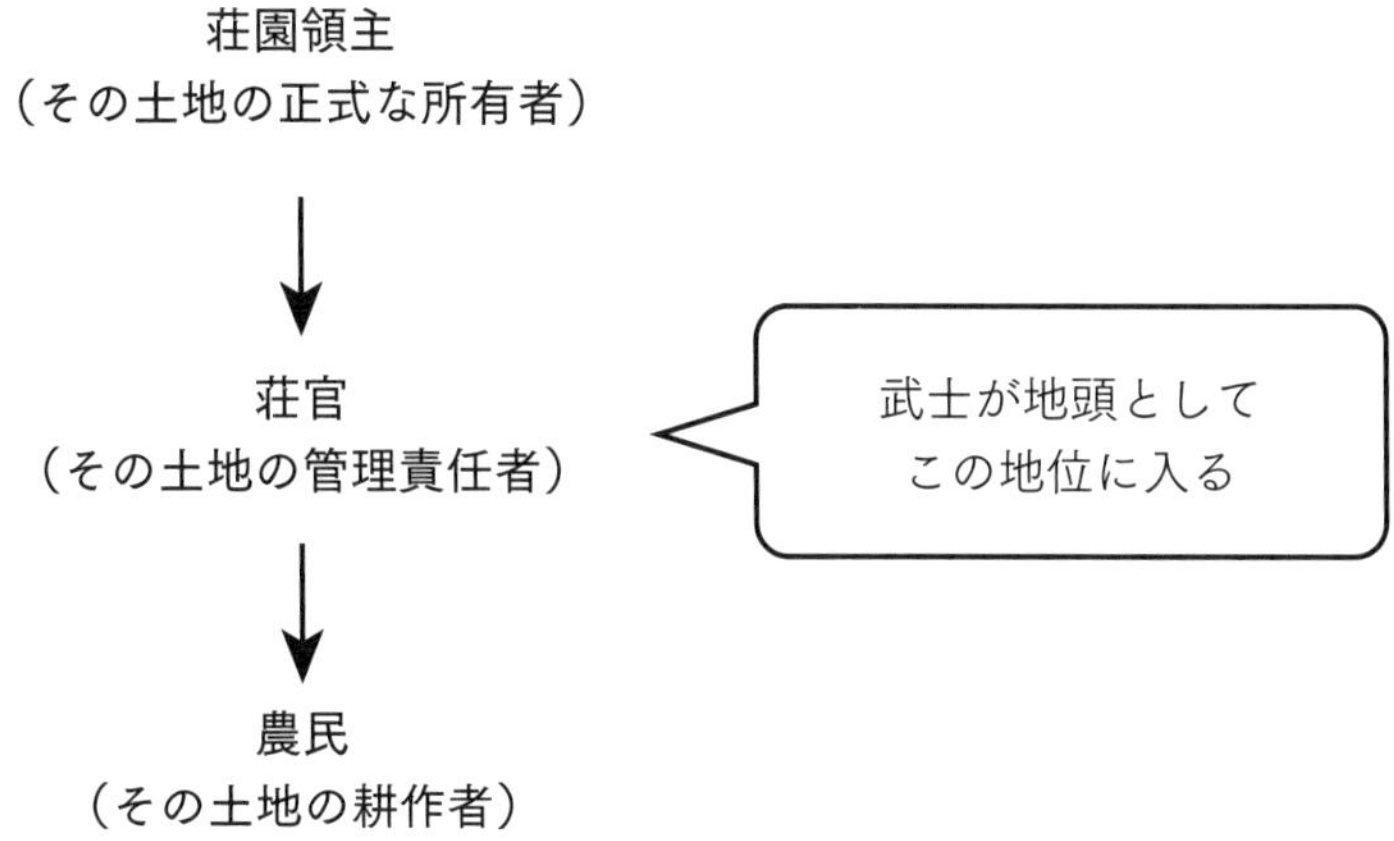


たりすることで朝廷の持っていた徴税権や行政権を少しずつ侵食し、事実上の統治権を少しずつ拡大していったのです。

その過程で生じたものが、守護・地頭と呼ばれるものです。

平安時代末期の土地は、荘園と公領がまだらに入り乱れている状態でした。荘園が急拡大したとはいえ、まだ公領もかなりの部分残っていたのです。

そして、現在の知事のような職である「国司」や県庁のような役所である「国衙《こくが》」もまだ存在していました。ただし、平安時代の末期は、源平合戦もあったことから全国各地で治安が乱れていました。

このため、治安を守るという役割で各国に

「守護」が置かれました。守護は鎌倉幕府から派遣された者であり、いわゆる御家人《ごけにん》と呼ばれる人たちです。つまりは、鎌倉幕府の配下の人たちでもあります。

守護は各国の治安を守るだけではなく、土地を検断する権利や兵糧を徴収する権利も持っていました。

つまり、各地を会計検査し、場合によっては課税する権利も持っていたのです。守護たちはその権利を盾にして、各国の国司の徴税や行政業務などを侵食していき、やがて各国の統治者になっていったのです。

一方、地頭というのは、公領ではなく荘園に派遣された幕府の御家人のことです。

先ほど述べたように、平安時代末期には、日本の土地は公領と荘園が入り乱れており、荘園も相当なシェアがありました。荘園は、平安時代末期には事実上、武家の私有地となっており、課税もままならない状況でした。

全国の荘園の所有者というのは、本来その多くが権門《けんもん》と呼ばれる京都の上級貴族や寺院でした。そして、荘園には荘官と呼ばれる荘園の管理者がいました。荘官は収穫の一部を権門や寺社に納めることで、後ろ盾を得ていたのです。しかし、土地を実質的に管理していた武家たちが荘官の権利を侵食し、事実上、土地の管理者になってしまったのです。

源平合戦の後、鎌倉幕府は荘園に御家人を配置する権利を朝廷から得ました。そうして荘園に配置されたのが「地頭」というわけです。鎌倉幕府は地頭という地位をつくり、武家の不法占拠状態を合法化させたのです。

つまり、今まで荘園を勝手に私有していた脱税者たちに対して、土地を管理する権利を正式に与えたということなのです。

地頭は荘官に代わって荘園の管理責任者となり、その土地の収穫から得分《とくぶん》と呼ばれる利益を受け取る権利を持っていました。また、地頭は幕府から任命されるため、荘園の領主は勝手に罷免することはできませんでした。

つまり、幕府の御家人たちは地頭として全国の荘園に管理責任者として派遣され、一定の年貢を徴収できるようになったというわけです。

また、地頭は土地の管理責任者ですが、実質的にはその土地の経営者であり、収穫物の管理や売却などのすべてを行っていました。

その代わり、荘園領主に対して、その土地から生じた利益を上納する建前になっていました。しかし、武士の時代が長くなると、その上納もあまり行われなくなり、室町時代の後半には地頭たちが事実上の土地の領主となっていました。地頭たちの中には、大きな勢力を持ち、戦国大名となった者もいます。

## そもそも幕府とは朝廷の一機関にすぎなかった

源平合戦のドサクサに紛れて朝廷の権限を奪取して成立した鎌倉幕府ですが、この政権は、実は非常に権力基盤や財政基盤が弱いものでした。

それは当然といえば当然です。

鎌倉幕府は、それまでの政権（朝廷）を倒して、新しい政権をつくったというわけではありません。朝廷の一機関にすぎなかった「幕府」が、なし崩し的に政治を担うということになったのです。

そもそも幕府というのは「臨時司令部」というような意味です。

戦乱が起きたときに派遣された軍の司令部という程度の機関なのです。そんな臨時司令部が政権を担うというのです。前述したように源平合戦が行われているとき、源頼朝は「兵糧米を確保したい」という理由で、各地に守護地頭を置く権利を朝廷に認めさせました。

平氏が滅亡して戦乱が終わっても、源頼朝は守護・地頭を置いたままにし、臨時的に認められたはずの武家の徴税権をそのまま保有し続けました。

ここにまず大きな矛盾というか、欠陥があります。

そして、鎌倉幕府には、もう一つ大きな矛盾というか欠陥がありました。

「鎌倉幕府は日本全国を統治する中央集権的な政府ではない」
ということです。

平安時代までの日本は、朝廷という中央政権が全国を統治していました。平安時代の末期には朝廷の統治能力は衰えていましたが、少なくとも建前の上では中央集権制度が採られていたのです。

しかし、鎌倉幕府は日本全国の徴税権や行政権までは持っておらず、各地の武家（領主）が徴税や行政を行い、幕府が持っているのは監督や仲裁をする権利だけでした。

そして、鎌倉幕府の財源は直轄管理している土地から得られる税と、貿易による関税などにすぎなかったのです。

鎌倉幕府には、二つの種類の領地がありました。

一つは「関東御分国《ごぶんこく》」と呼ばれるもので、御家人などを国司に任命し、国衙を通じて、その地域を統治するというものです。これは、律令時代から続いてきた制度を変形したもので、建前の上では、朝廷の土地（公地）を幕府が管理するということです。

駿河、武蔵、相模、越後が常に「関東御分国」となっており、時期によっては遠江、伊豆、陸奥なども入りました。鎌倉時代を通じて、4〜6か国が「関東御分国」でした。

もう一つの領地は「関東御領」と呼ばれるもので、鎌倉幕府の直轄地です。これは、鎌倉幕府の私有地ともいえるもので、幕府所有の「荘園」です。

元暦元（１１８４）年に、源頼朝は朝廷から平氏一族の旧領５００か所を与えられました。また、源平合戦時に、東国でもかなりの荘園を切り取っていたと見られ、それらが「関東御領」として、鎌倉幕府の主要な財源となっていたのです。

逆に言えば、鎌倉幕府というのは、関東を中心とした数か国〜十数か国を統治していたにすぎず、日本全体は各地域の豪族などが統治していたのです。

各地域の豪族は鎌倉幕府によって「御家人」に加えられ、所領地の守護・地頭などに任命されました。そうすることで、今まで持っている自分の領地を安堵（公認）されたのです。

このように、武家政権は「なし崩し的」に政権を獲得していったものなのです。そのため、しっかりとした制度設計がなされておらず、様々な弱点を抱えていました。

その弱点の最たるものが「財政の脆弱さ」です。

そして、財政力の脆弱さによって、武家政権はたびたび混乱します。その混乱が戦国時代を引き起こすことになるのです。

## 応仁の乱の原因は税収不足だった

鎌倉幕府は１５０年足らず、室町幕府は実質70年程度で終焉してしまいます。しかも、鎌倉・室町の時代は、決して平穏ではなく、各地で戦乱が起きていました。

そして、応仁元（1467）年の応仁の乱によって、日本中で戦乱が続く「戦国時代」に突入してしまいます。

「なぜ応仁の乱は起きたのか？」

この問題は、日本史の大きな謎となっています。

足利将軍の跡継ぎ問題に端を発したこの戦いは、足利将軍家を置き去りにして、全国の有力守護が敵味方に分かれての大戦争になっていきます。しかも、短期間のうちに敵になったり味方になったり、登場人物たちの関係も非常に複雑です。

しかし、税務的な視点で見れば、応仁の乱の原因には間違いようのない答えが出てきます。それは、

「室町幕府の財政力が弱すぎたから」

ということです。

室町幕府というと、金閣寺や銀閣寺に見られるように、経済力があった政権というイメージがあります。

ただ、そのイメージとは裏腹に、実際の室町幕府の財政状態はずっと青息吐息だったのです。

もともと室町幕府は発足当時から、非常に財政基盤が弱かったのです。

室町幕府は、鎌倉幕府の崩壊後、後醍醐天皇の親政に対する反対勢力として発足したものです。

後醍醐天皇による南朝政府と、足利尊氏の北朝政府が、しばらく並立していた時期もあります。いわゆる「南北朝時代」です。

南北朝時代は実質10年程度で終焉し、その後、足利尊氏の室町幕府が政治の実権を握りました。

しかし、南北朝時代という時期があったことにより、室町幕府の財政基盤は大きく弱められることになりました。というのも、足利政権内部でもめごとが起きると、反対勢力になった者はすぐに下野して南朝に加担する、というようなことが多発したのです。

足利政権は、政権の存立基盤を安定させるために、将軍家の直轄領を削って家臣を引き付けようとしてきました。その結果、足利家自身の直轄領は非常に少なくなりました。

室町幕府の直轄領は「公方料所《くぼうりょうしょ》」と言われていましたが、この「公方料所」の明確な広さはわかっていません。ただ、鎌倉幕府よりはかなり少なかったと見られています。

鎌倉幕府が、中央政権とは言い難いほどの財政力しかなかったことは前述しました。室町幕府は、その鎌倉幕府よりもさらに財政力が弱かったのです。

幕府の直轄領が少ないということは、年貢収入が少ないというだけの話ではありません。直轄領には、家人や農民も付随しています。直轄領が少なければ支配下にある人員も少ない、ということでもあります。つまり、戦争時の動員力も落ちるわけです。直轄領が少なければ養える御家人の数も、必然的に減ってくるからです。

幕府の直属軍が少なければ、総体的に管領や守護の発言力が強くなります。

管領の細川氏や守護の山名氏が応仁の乱の首領となったのも、そういう経緯によるものです。

足利幕府の所領である「公方料所」の明確な広さはわかっていませんが、後年の石高換算で言えば、多めに見積もっても200万石程度だったと見られます。

足利将軍の臣下であるはずの山名家や細川家の方が、はるかに大きな所領を持っていたのです。

応仁の乱の東陣営の首領である細川家は、摂津、丹波、讃岐、土佐を世襲し、一族全体では阿波、備中、和泉、淡路も治めていました。

つまり、近畿・四国一帯で大きな勢力を持っていたことになります。もちろん、将軍の直轄地の200万石を大きく超えるものです。

応仁の乱の西陣営の首領である山名氏は、14世紀末に中国地方で11カ国の守護職を務めるなど、強大な勢力を誇っていました。明徳2（1391）年の「明徳の乱」に敗北し、一時的に勢力は衰えますが、その後に復権し、室町時代後半には細川家に匹敵する勢力を持つにいたります。

細川家にしろ山名家にしろ、共通するのは、将軍家をしのぐ財力と勢力を持っていたということです。

これでは、足利将軍が全国の武家に睨みを利かせることはできません。この幕府の財政力の弱さが、政権の短命と戦国時代の到来をもたらしたのです。

# 第4章

# 戦国大名も脱税に悩まされた

## 寺社は脱税で巨大な勢力となった

中世日本では武家が社会の中枢に居座っていましたが、同時期にもう一つ大きな脱税集団が勢力を伸ばしていました。

それは「寺社」です。

日本の脱税の歴史を語る上で、欠かせないのが寺社の存在なのです。

あまり知られていませんが、平安時代から戦国時代にかけて、寺社というのは国の経済の中枢を握っている大財閥ともいえる存在でした。

彼らは、けた外れの経済力を持っていました。

信じられないかもしれませんが、室町時代から戦国時代前半にかけて、日本の資産の多くは寺社が所有していたのです。

まず挙げられるのは、寺社の領地（荘園）の広さです。

中世から寺社は農地の寄進を受け、それが荘園となっていました。

たとえば、比叡山延暦寺の荘園の数は現在わかっているだけで285か所を数えます（今谷明『近江から日本史を読み直す』講談社現代新書）。

比叡山の古記録は信長の焼き討ちでほとんど失われており、荘園の記録も多くが行方不明になっているにも関わらず、これだけの数の荘園が判明しているのです。実際の数は、285か所をはるかに超えていたと思われます。しかも、比叡山の荘園は近江や近畿ばかりではなく、北陸、山陰、九州にまで分布していました。

現存する記録からみて、近江の荘園の4割、若狭の3割は比叡山関係のものだったと推測されるのです（高橋昌明『湖の国の中世史』平凡社）。

比叡山は農地だけではなく、京都の繁華街にも広い領地を持っていました。

京都の五条町に3ヘクタールもの領地を持っていたことがわかっています。これは、後醍醐天皇の二条富小路内裏と足利尊氏邸を合わせたよりも、さらに広いのです。当時の京都は日本の首都であり、日本一の繁華街でもあります。今でいうならば、銀座や渋谷あたりということになるでしょう。そこに3ヘクタールもの土地を持っているのだから、地子銭（地代）だけで相当な額に上ったはずです。

また、広大な領地を持っていたのは比叡山だけではありません。ほかの寺社も、日本全国に相当な荘園を持っていました。

たとえば紀伊国（現和歌山県）では、水田面積の8、9割が寺社の領地だったとされています。また、大和（現奈良県）では興福寺、東大寺、多武峰《とうのみね》、高野山、金峯山《きんぽうざん》領でない土地はないというほどでした（伊藤正敏『寺社勢力の中世』ちくま新書）。

なぜ寺社がこれほど広い土地を持っていたかというと、その理由は「脱税」です。古代から寺社は租庸調の税が免除されていました。そのため、寺社に寄進をして税を逃れる者が続出したのです。農民が自分に与えられた田を寺社に寄進することは、本来は禁じられていましたが、朝廷の調査が甘くなるにしたがって、勝手に寄進してしまう者が増えていったのです。また、借財が返せずに、田を寺社に取られてしまう者も数多くいました。

とにもかくにも「寺社には税がかからない」という特権を悪用し、寺社は急速に勢力を拡大したのです。

## 脱税王としての「比叡山延暦寺」

そして、寺社の中でも、もっとも大きな勢力・財力を持っていたのは、あの「比叡山延暦寺」なのです。比叡山延暦寺はその広大な荘園を生かして、中世では日本最大の金貸業者になっていました。

比叡山が金融業を始めたのは、平安時代にさかのぼります。

比叡山にある日吉《ひよし》大社が、延暦寺に納められた米「日吉上分米《じょうぶんまい》」を出挙《すいこ》として高利で貸し出していたのです。

出挙は、奈良時代、国家が貧しい農民に種籾《たねもみ》を貸し出し、秋に利息をつけて返還させたことに端を発しています。当初は貧民対策でしたが、次第に「利息収入」に重きが置かれるようになり、いつの間にか国家の重要な財源となったのです。

やがて、この出挙を私的に行うものも出てきました。それは「私出挙《しすいこ》」と呼ばれ、貸金業と同様の業態になっていったのです。

私出挙を精力的に行っていたのが日吉大社です。

日吉大社は、古事記にもその記述がある由緒ある比叡山の神社です。延暦寺が比叡山に建立された際、日吉大社を守護神としました。そのため、中世から戦国にかけて、日吉大社は延暦寺と表裏一体となって隆盛を極めるのです。

中世になり貨幣経済の発展とともに、私出挙は本格的な貸金業である「土倉《どそう》」へと進化していきます。

「土倉」の中心となったのは寺社であり、比叡山延暦寺でした。京都の土倉の8割は、日吉大社の関連グループだったとされており、全国の土倉に影響を及ぼしていました。延暦寺関係の土倉のことは「山の土倉」などと言われていました。

そして、土倉の利息は非常に高いものでした。当時では、ごく標準的な利息が年利48%～72%だったそうです（中島圭一「中世後期における土倉債権の安定性」勝俣鎮夫編『中世人の生活世界』山川出版社　所収)。

現代の消費者金融をはるかにしのぐ超高利貸しです。

もちろん、貸金業につきものの「債務不履行」なども頻発しました。借金のかたに取られた零細な田が京都周辺の各所に点在し、日吉田《ひえでん》と呼ばれていました。

当然、紛争なども多発しました。

## 延暦寺焼き討ちは「脱税の摘発」だった

この比叡山延暦寺の経済支配を終息させたのは、あの織田信長なのです。

ご存じのように、織田信長は比叡山延暦寺を焼き討ちにしました。

この信長の延暦寺焼き討ち事件は、日本史の教科書では「言うことを聞かなかった延暦寺に信長が怒って焼き討ちにした」ということになっています。

発端はその通りです。しかし、信長には、「寺社の勢力を弱める」「寺社の経済支配を終わらせる」という明確な指針がありました。脱税で肥え太った寺社をこのままにしておくわけにはいかない、ということです。延暦寺の焼き討ちもその一環でした。

比叡山延暦寺の焼き討ちの経緯は次の通りです。

元亀元（１５７０）年、朝倉と浅井と戦っていた信長は、比叡山に対し「朝倉軍に加担しないように」と要請しました。

このとき、信長は「もしどちらかに加担するのが仏教徒として不都合ならば中立を守るだけでもいい。そうすれば、以前の比叡山の領地を返還する」と言い、証文まで出しています。

それにもかかわらず、比叡山は朝倉軍に加担しました。信長は激怒し、翌年、朝倉軍との戦いが一段落すると比叡山を焼き討ちにしたのです。

比叡山延暦寺としては、これまで信長からかなり厳しい仕打ちをされてきていました。だから、朝倉軍に味方するのは当然ではあったのです。信長が「加担するな」と言ってきても「何を今さら」という感もあったのでしょう。

信長は、比叡山が朝倉に加担する前から、比叡山の荘園を没収していました。最初から比叡山に対して厳しい姿勢で臨んでいたのです。だからこそ、比叡山は信長に反発したのです。

つまり、信長と比叡山の対決は、当初から避けられようがなかったのです。

元亀2（1571）年に行われた焼き討ちにより、比叡山の僧侶や住民も含めて老若男女、数千人が殺されたとされています。

『信長公記《しんちょうこうき》』には、比叡山延暦寺の焼き討ちに関して、次のように記されています。

山本山下の僧衆、王城の鎮守たりといえども、行躰、行法、出家の作法にもかかわらず、天下の嘲弄をも恥じず、天道のおそれをも顧みず、淫乱、魚鳥を食し、金銀まいないにふけり

## 税の奪い合い「奪税」になっていた戦国時代

戦国時代には、幕府や朝廷への納税はほとんど機能していませんでした。「では誰も税を払わなくていいか」というと、そういうことではなく、各地の有力者や豪族が勝手に税を徴収していたのです。

戦国時代は脱税だけではなく、「奪税」の状態になっていたのです。

室町時代後半から戦国時代にかけての年貢は、複雑な仕組みとなっていました。

当時、日本の農地の大部分は荘園となっていましたが、本来、荘園というのは荘園領主が持ち主でした。荘園領主というのは、自分の領地から遠く離れて住んでいることが多く、実際の管理は荘官や地頭に任されていました。そのうち、荘官や地頭の力が強くなり、彼らが実質的な領主になっていったのです。

そうなると、どういうことが起きるでしょうか？

本来の荘園領と、荘官や地頭が「二重」に税を取るような事態になるのです。「二重」とまではいかずとも、税の仕組みが複雑になり、農民は余計な税負担を強いられることが多々あったのです。

つまり、中間搾取が増えていったのです。

室町幕府は、各地に守護を置いていました。守護は本来、中央政府から任命された一役人にすぎませんでした。

ところが、中央政府が弱体化すると力をつけていき、実質的にその地域を治めるようになっていったのです。それが守護大名と言われる者です。さらに、その守護大名の力が弱くなって、その地位を奪う戦国大名が出現してきました。

これも農民にとって負担が増える要因になりました。

農民は荘官に年貢を払うだけでなく、守護にも「段銭《たんせん》」という形で税を取られるようになりました。段銭というのは、農地一段（一反）あたりに課せられる租税のことです。もともとは戦争時などに臨時的に徴収されたのが始まりですが、戦国時代には半ば常態的に取られている地域もありました。

また、新興勢力である「加地子名主《かじしみょうしゅ》」にも、事実上の年貢を納めなくてはならなくなっていました。「加地子名主」は、もともとは農民だった者が力をつけて地主的な存在になったもののことです。

このように、戦国時代では社会のシステムが崩壊し、力の強い者がどんどん収奪するようになっていたのです。

戦国大名は、この社会システムを再構築する必要に迫られていました。今のままでは、農民は幾重にも税を払わなければならないため、民力を圧迫してしまいます。また、大名の年貢の取り分も非常に低いのです。

「分散した年貢徴収システムを一括にまとめること」

それが戦国大名にとっての大命題だったのです。

しかし、多くの戦国大名には、それができませんでした。

たとえば、武田信玄は寺社や国人《こくにん》などの徴税権をそのままにしておいたので、自身の取り分が少なくなり、農民に過酷な税を課すことになりました。これにより、農民の大量流出などを招き、領内経済を疲弊させました。

## 信長の「中間搾取の禁止」と「大減税政策」

この戦国時代の税の矛盾を大胆に解消しようとしたのが、あの織田信長なのです。

あまり語られることがありませんが、信長は大胆な農地改革を行い、領民に対して「大減税」を施しています。

寺社の迫害もそうですが、信長の施策には「税を逃れている者、税を勝手に取っている者を弾圧し、なるべく領民の税負担を軽くする」という指針が貫かれているのです。

信長は常に周囲の勢力と戦いながら、版図《はんと》を急激に広げていきました。

それは自国領が安定していなければできないことです。領民の支持を得られなければ、領民に抵抗されたり逃亡されたりして、スムーズな領土拡大ができません。逆に、領民が潤えば人口が増え、領内が発展すれば税収も増えます。それは当然、国力増強につながります。

信長が天下統一事業を急速に進められたのは、自国の統治が他の大名に比べてうまくいっていたからにほかならないのです。

信長は戦国時代の農地のシステムを簡略にして、中間搾取を極力減らし、農民の負担を大幅に軽減しました。

信長は自領内に対して「農民には原則として年貢のほかには、重い税を課してはならない」という規則をつくりました。

また、信長領の年貢もかなり安かったと見られています。

信長領全体における年貢率の明確な記録は残っていません。しかし、永禄11（1568）年、近江の六角氏領を新たに領有したときに、「収穫高の3分の1」を年貢とするように定めています。この地域だけ特別に税を安くするはずはないので、信長領全体もだいたいこの数値の前後だったと考えられます。

収穫高の3分の1というのは、当時としてはかなり少ないものでした。

江戸時代の年貢は、五公五民や四公六民などと言われ、各目の収穫高の4割から5割が年貢として取られていました。また、戦国時代は戦時だったので、江戸時代よりも年貢は重かったとされています。だから、信長領の年貢率3割というのは、かなり安かったと考えられるのです。

## 信長の脱税防止策＝枡の統一

信長は「枡《ます》や単位の統一」も行いました。

これも日本の会計史や経済史において重要なポイントです。

枡や単位が統一されている現代の目から見れば、枡や単位の統一がどれだけありがたいかがわかりにくいでしょう。しかし、枡や単位が統一されていなければ、社会生活でかなりの不自由があるのです。

たとえば、年貢を納めるときに、枡が統一されていなければ、徴収人が大き目の枡をつかって測り、年貢を余計に取るということが起きます。実際に、戦国以前の世の中では、そういうことがありました。

枡の不公平を理由にした一揆も生じているのです。

また、遠隔地で商取引する場合なども、売り手も買い手も枡の単位の統一がなければ、なかなか取引がしにくいと言えます。

大坂と京都で枡の大きさが違うとなると、「枡あたりいくら」という取引ができなくなります。人々は、いちいち相手の単位と自分の単位を換算しなければ、取引ができないのです。

枡や単位の統一は、それほど重要なことなのです。

この施策は、信長が最初にやったことではなく、他の大名たちも取り組んでいたことです。武田信玄も、枡の統一には積極的に取り組んでいました。

しかし、大規模で徹底的にやったのは、信長が最初だと言えるのです。

永禄11（1568）年に上洛した信長は、翌年、京都でもっとも広く使用されていた10合枡を全国統一の枡とすることにしました。

この枡は「京枡」と呼ばれました。

京枡は江戸時代に若干大きさが変わりましたが、そのまま近代に引き継がれ、昭和30年代くらいまでは日常的に使われていたのです。

今でも、お酒や米の単位に「升」「合」が使われていますが、これは信長の経済政策の名残なのです。

## 大掛かりな検地で「固定資産台帳」をつくる

また、信長は大掛かりな検地を行って、土地台帳のような帳簿をつくっています。

検地とは、農地の広さや土地柄を調べて米の収穫量を測り、年貢の基準を策定する作業です。

検地というと、豊臣秀吉が行った太閤検地が有名ですが、信長はその前に同様のことを行っていたのです。太閤検地は、信長の検地を踏襲したものと言えます。

自国領の土地を測ることが、なぜ画期的だったのでしょうか?

後世の感覚から言えば、領主は自国の農地に関しては、自由に検地ができそうな気がしますが、決してそうではありませんでした。農民は、各地に隠し田などを持っていたりしたので、検地を非常に嫌がったのです。検地をすれば、農民が抵抗して一揆などを起こされる危険もありました。

そのため、戦国武将たちもなかなか検地はできなかったのです。検地をしたとしても「差出検地」といって、農民側が自分で測った数値を報告するだけ、がほとんどでした。

しかし、信長の場合、かなり細かい検地をしていたことがわかっています。近年の研究では、秀吉の太閤検地までは及びませんが、信長も縄入れ（実測）による検地を行っていたことが明らかになっています（池上裕子「大名領国制と荘園」網野善彦ほか編『講座日本荘園史』吉川弘文館　所収）。

たとえば、天正５（１５７７）年、越前で行われた検地では、「歩《ぶ》」の単位までが報告されています。このような細かい数字まで出されているということは、実測されたと推測されるのです。これは信長以前の戦国大名にはないことです。

太閤検地は、信長の検地をさらに徹底したものといえるのです。

信長がこのような実効的な検地を行えたということは、信長の勢力がそれだけ強かったということであり、また一方では農民との信頼関係もあったということだといえます。

## 関所を撤廃して不正な税徴収を防ぐ

信長は新しく領地を占領するごとに、その地域にある「関所」を撤廃してきました。これは当時としては画期的なことでした。

室町時代から戦国時代にかけて、おびただしい数の関所がありました。

各関所では「津料《つりょう》」「駄の口」と呼ばれる通行料（税）が取られました。「駄の口」とは、牛馬や積荷に課される税金です。つまりは、物流税ということになります。これが課せられると、牛や馬をあまり使えなくなるので、交易される物の量が減り、運送のスピードも遅くなります。

この物流税は、公的なものではなく、私人が勝手に徴収しているものがほとんどでした。当時は日本全国に荘園が入り組んでおり、荘園の地主が勝手に関所を作ったものだったため、関所の数が非常に多かったのです。公家や武家、寺社、土豪などが、私的に関所を作っており、その数は膨大になっていました。

たとえば、寛正3（1462）年、淀川河口から京都までの間には380か所の関所がありました。また同時期、伊勢の桑名から日永までに60以上の関所があったと記されています（「蔭涼軒日録《おんりょうけんにちろく》」）。

もちろん、これらの多数の関所は、人や物の流通を大きく阻害するものでした。戦国時代の京都は関所のために寂《さび》れたとも言われています。

地域の豪族たちにとって、「津料」「駄の口」は重要な収入源となっていました。これによって地域の武装勢力が私腹を肥やすことになり、戦国の世の治安の悪さにもつながったのです。

信長が関所を撤廃したことには、それらの弊害を一気に消滅させる狙いがあったわけです。

関所を撤廃しようとしたのは、実は信長だけではありません。他の戦国大名も、関所の撤廃を試みました。というより、戦国大名にとって、関所の撤廃は悲願の一つでした。

関所は、戦国大名たちにはほとんどメリットはありません。「津料」「駄の口」は、その地域の豪族や有力者などが勝手に課しているものであり、戦国大名には入ってこないのです。

もちろん、戦国大名が自らつくった関所もあって、そこでは「津料」「駄の口」を自分がもらうことができます。しかし、当時、開設されていた関所のほとんどは、大名たちの管轄ではなかったのです。

そのため、戦国大名たちは躍起になって関所を廃止しようと試みました。しかし、地域の豪族や有力者などを力づくで抑えるのはなかなか難しく、関所の廃止は不完全なものだったのです。

これに対し、信長は関所を有無を言わさず廃止してしまったのです。こういう「毅然とした姿勢」が信長の特徴でもあります。

イエズス会の宣教師ルイス・フロイスの報告書には、次のように述べられています。「彼の統治前には道路において高い税を課し、1レグワごとにこれを納めさせたが、彼は一切免除し税をまったく払わせなかったので、一般人民の心を収攬《しゅうらん》した」

また、『信長公記』では「これによって旅につきものの苦労を忘れ、それに牛馬の助けを借りるといっそう楽になり、人びとは安心して往き来をし、交流が多くなったので、庶民の生活は安定に向かい『ありがたいご時世、御奉行様よ』とだれもがもろ手をあげて感謝する次第であった」と記されています(『信長公記』榊山潤現代語訳)。

## 「楽市楽座」も不正な税徴収を防ぐのが目的

信長は「楽市楽座」を大々的に行ったことでも知られています。

楽市楽座では「座」を廃止し、商人が自由に物を販売でき、税も課せられないということです。

それまでの商人は、ほとんどの場合、座に属さないと商売ができませんでした。鎌倉時代中期から、あらゆる職業に座がつくられていました。布、酒、油などの販売業者だけでなく、建築業者、運輸業者、はては芸能関係にまで座はつくられていたのです。

座をつくることで、既存の商人たちは新規参入を妨げていました。つまり、独占営業権を得られたのです。既存の商人たちは多額の参加料を払うことで座に参加し、その特権を手に入れていたのです。

しかし、楽市楽座によって、誰もが商売を行えるようになりました。

永禄11（1568）年、信長が岐阜の城下町造営のために加納に下した制札《せいさつ》には、次のように記されていました。

・加納の市にくる商人の往来を妨げてはならない。屋敷地や家屋ごとの諸課税は免除する
・市の場所の独占、座の特権はまったく認めない。自由売買とする
・市でトラブルがあっても信長家の者が勝手に介入してはならない

これを見れば、加納の市に行けば、税金も規制もない、まったく自由な商売ができたということがわかります。

楽市楽座には、実は寺社の既得権益を奪うという目的もありました。

寺社は、貸金業だけではなく、商工業全般においても強い影響力を持っていました。というのも、当時の商業において「市」というものが重要な位置を占めていましたが、市は

実はほとんど寺社が握っていたのです。

当時の市というのは、寺社の縁日に開かれることが多くありました。市に出店するには、寺社の許可がいるし、当然、地子銭《じしせん》（地代）が発生するのです。

市を支配していた寺社たちは、やがて商品流通そのものを支配するようになります。朝廷や幕府に働きかけて独占販売権を入手したり、座を作って他業者を締め出したりするようになったのです。

当時、絹や酒、麹、油など重要な商品は、寺社によって牛耳られていました。酒は比叡山、織物は祇園社、麹は北野社、油は南禅寺などが大きなシェアを持っていたといわれています。

また、寺社同士でシェア争いをし、それが騒動に発展することもありました。

たとえば、有名なのが「文永の麹騒動」です。

これは、麹を巡ってシェア争いをしていた比叡山と北野社が、お互いを訴える騒動に発展したものです。

麹は酒の原料であり、当時は非常に重要かつ貴重な商品でした。

北野社は幕府に働きかけて、麹の独占販売を狙っていました。幕府への働きかけが功を奏して、応永26（１４１９）年、幕府は麹の自家製造を禁じ、すべての麹は北野社から購入することを義務付けたのです。

もちろん他の寺社は反発して、なんとかこの令を取り下げさせようとしました。文安元（1444）年、比叡山の訴えにより、ようやくこの独占状態は解除されました。

北野社は、もとはといえば比叡山の末寺です。つまり、同じグループ内の企業が重要商品の販売を巡って対立していたわけです。

このことから、比叡山など寺社が商業においてどれほど強いシェアや勢力を持っていたか、うかがい知ることができます。

また、比叡山は商業だけではなく、物流も押さえていました。

京都の重要な交通機関であった「馬借《ばしゃく》」は延暦寺が支配していました。馬借というのは、物資を馬で京都に搬入する運送業者のことです。

さらに、比叡山は各地に関所を設け、高額の通行税をも徴収していました。たとえば、琵琶湖上には11か所もの関所が設けられていました。

信長は、このような比叡山など寺社たちの既得権益を打破するため、「楽市楽座」や「関所の撤廃」を行ったのです。

## 信長と正反対だった信玄の税政策

戦国時代、信長にとって最大の敵と言えば、武田信玄でしょう。

武田信玄は、もとは甲斐の守護大名でしたが、信濃、三河、上野を平らげ、最盛期には100万石近い版図を持っていた、戦国時代を代表する大名です。

信玄が晩年、信長に対決を挑んだ「西上《せいじょう》作戦」では、信長をあと一歩まで追い詰めながら、死によってそれを果たせなかったとされ、「もし信玄が長命であったならば、信長に代わって天下を獲っていたのではないか」という説も根強くあります。

しかし、武田信玄と織田信長の関係を経済面で見てみれば、まったく違った印象になるはずです。というのも、経済力を比べてみれば、織田信長と武田信玄の間には、かなりの開きがあったと見られるのです。

信長が、信玄を圧倒的に凌駕していたのです。

経済観点から見たとき、信玄は信長を決して追い詰めていたわけではなかったと言えます。むしろ、追い詰められていたのは信玄だったのです。

武田信玄は、信長と真逆な税政策を採っていました。

それは信玄が愚かだからなのではなく、信玄の抱える大きな経済的なハンディがそうさせたものでもありました。

信玄の武田家は、そもそも甲斐の守護家であり、甲斐源氏の統領という地位にありました。守護大名の家臣から成り上がった信長の織田家や、守護代にすぎなかった上杉謙信とは、スタートラインにおいてかなり有利な立場だったのです。

それにもかかわらず、武田信玄は上杉謙信との対決には手こずり、信長には大きく出遅れてしまいました。

その最大の要因は、経済だと思われます。

信玄の出発点である甲斐武田領には、経済的に大きな不安要素が二つありました。

一つは「農地」としての貧弱さです。甲斐は水害も多く、豊穣とは言い難かったのでした。

もう一つの不安要素は、武田領が「陸の孤島」だったということです。

信玄の当初の領地は山間部であり、海に面していないので、交易や商業はあまり栄えていませんでした。そして、他国から生活に必要な物資を輸入するとき、船舶などで直接、搬入できず、必ず陸路を通らなければなりません。だから、周辺の大名と敵対すれば、物資の流通がストップしてしまうのです。

信玄はこの二つのハンディを抱えていたため、なかなか経済成長できなかったのです。

## 武田信玄の大増税政策

信玄には、貧弱な甲斐で戦費を賄わなければならない、というハンディがあったのです。彼はそのハンディをどうやって克服したのかというと、一つは有名な土木事業です。信玄は、大掛かりな土木事業を行い、必死に農業生産を上げようとしました。

そして、もう一つは「増税」なのです。

信玄は戦費を捻出するために、たびたび大増税を行っているのです。

甲斐地方では、普通の方法では十分な税収が上げられず、大掛かりな増税を何度も行いました。そのために、領地から逃亡する領民が続出していました。

「信玄は、領民思いの領主だった」などと評されることもありますが、これは認識誤りだと言えます。甲斐の経済状況では、領民のことを考える余裕などはなかったのです。

信玄は、天文10（1541）年に領主の座について、その翌年の天文11（1542）年8月には、すでに一回目の大増税を実施しています。

具体的に何をしたかというと、新たに「棟別帳《むなべつ》」の作成を開始したのです。

棟別帳というのは、簡単に言えば、領内の各家屋とそこに住んでいる家族のことが記された帳簿のことです。新たに棟別帳を作成し、家ごとに課税する「棟別役」という税金を強化したのでした。これは、信玄の苦肉の策であり、甲斐地方の貧しさを物語るものでもあるのです。

当時の税制は、本来、農地が基本となっていました。「田や畑に対して、いくら」と定められていたのです。そのほか、家屋にも課税されていましたが、それは補完的な税であり、それほど大きな額ではなかったのです。

しかし、信玄領の場合、本来、補完的な税である「棟別役」に頼らざるを得なかったのです。

農地を基本にした場合、天候不順などで農作物の出来が悪かったら、税の基準を引き下げなくてはなりません。つまり、農作物の出来によって税収が左右するのです。

しかし、やせた土地の甲斐地方では、そういう税の掛け方をすると税収が確保できなかったのです。頻繁に不作になるため、頻繁に税を引き下げなくてはならなくなりました。

そのため、信玄は農作物の出来に関係なく、毎年一定の税収を確保できる「棟別役」を税の柱に据えたのです。農地ではなく、「家屋」や「家族」に課税することで、税収増と税の安定化を図ろうとしたのです。

ただ、それは農民の負担を大きくします。農作物の出来が悪くても、毎年決められた税を納めなくてはならないからです。

信長が「農民に年貢以外の厳しい税を課してはならない」としたのとは、まったく正反対の政策だとさえ言えます。信長も棟別銭を課した事例はありますが、信玄に比べればはるかに小規模で低額でした。

## もともと重税だった武田領

実は甲斐領の重税は、信玄に始まったことではありません。

信玄の父である信虎の時代にも、大増税が行われているのです。大永2（1522）年の正月、信虎は領国全土に渡ってすでに「棟別銭」の課税を行いました。

これは度重なる戦争の費用を補うためです。

大名にとって年貢というのは、基本的に直轄領からしか得ることができません。家臣たちの知行《ちぎょう》地の年貢は、家臣のものだからです。

しかし、信虎が敷いたこの「棟別銭」は、直轄領か非直轄領かにかかわらず、領内すべてに課税したのです。しかも、これまで年貢が免除されていた寺や神社にまで、「棟別銭」は課せられることになりました。

これには、家臣や国人（地域の有力領主）たちも反発しました。

『妙法寺記』によると国人の小山田信有は、棟別銭の課税に抵抗しましたが、信虎は課税を強行するために、小山田信有《のぶあり》の領内への道路を封鎖し孤立させてしまいました。そのため、小山田信有は観念し、棟別銭を受け入れたということです。

そして、信玄もこの棟別銭の制度を継承し、前述したように天文11（1542）年8月の税制改正で「棟別役」を税収の柱に置いたのです。

しかも、信玄はそれ以降もたびたび増税をしました。

棟別銭は、当初は本家だけに対して100文《もん》、これを春と秋の2回徴収していました。つまり、合計200文です。データ数は少ないものの、当時の棟別銭の相場は年間50文～100文程度とされているので、年間200文はかなり重税の部類に入ると見られます。

しかも、その後、税収不足を補うため新家（新屋）にも課税し始めました。この新家の課税も最初は50文だったのですが、信玄の死後は100文になっています。

さらに、これまで「棟別役」の対象となっていなかった片屋（屋根が両側にはなく、片側にしかない家）や明屋（空家）も対象に含めるようにしています。

この高額な税金を、信玄はしばしば前倒しで徴収しています。

永禄5（1562）年には、甲斐国鮎沢《あゆざわ》郷において、翌年の秋に収めるべき棟別銭のうち30銭を年末までに収めるように指示した記録が残っているのです。

## 脱税逃亡者が続出していた信玄領

信玄の大増税により、税を納められないものが続出していました。

それに対し、信玄は「厳格な取り立て」で応じました。

信玄は、天文16（1547）年に「棟別役」などに関する法度《はっと》26条を制定しています。

この法度は、農民にとって過酷なものでした。

「棟別役」は郷村ごとに割り振られ、どこかの家が払わなかった場合は、郷村全体でその不足分を負担しなければならなかったのです。

そして、家族のものが死んだり逃亡したりして「棟別役」の欠員が出ても、その不足分は残った一族を新たに本家に繰り入れて、補填しなければならないことになっていました。

また、棟別役はよほどのことがない限り、減額・免除はしないとされ、例外として認められたのは、逃亡者や死去者が多数に及び、棟別銭が基準額の倍になったとき、あるいは水害や家屋流出などで、死人の出た家が10軒以上になったときなどに限定されていました。

このような負担に、農民が耐えられるわけはありません。

もともと武田領は農民の逃亡が多い地域でしたが、信玄の税制改革以降、それに輪をかけて逃亡が増えたのです。また、郷村《ごうそん》からは、棟別負担の軽減を目的とした「詫言《わびごと》」という訴願が信玄のもとに殺到することになりました。

それでも、信玄は基本的に棟別役を変えませんでした。そうしないと戦争費用を捻出できなかったからです。戦国最強と呼ばれた武田軍団は、農民の過酷な税負担により維持されていたのです。

『甲陽軍鑑《こうようぐんかん》』には、信玄の領国57箇条法度が記されていますが、その中にこういう記述があります。

一、逃亡、あるいは死去する者が出ても、当該郷村においてすみやかに弁済せよ。
一、他の郷へ家屋を移すものがいれば、追って棟別銭を徴収せよ。
一、自身や家屋を捨て、あるいは売却して領国内を流れ歩く者に対しては、どこまでも追いかけて棟別銭を徴収せよ。ただし本人が一銭も収められないときは、その家屋を所用している者が弁済せよ。
一、棟別銭の免除は一切ない。しかし逃亡あるいは死去の者が多数出て、棟別銭が二倍になった場合は申し出よ。

(『甲陽軍鑑』品第一　佐藤正英現代語訳より著者が抜粋)

これを見ると、信玄が棟別銭を容赦なく取り立てようとしているのが、非常によくわかります。棟別銭を払わずに逃亡した者は、どこまでも追いかけられるのです。『甲陽軍鑑』は、武田信玄の偉業をたたえるために書かれた書です。その書にまで厳しい徴税のことが残されているのだから、実際はもっと厳しかったことが予想されます。

戦国時代の税制についてはよくわかっていない部分も多く、また増税を行ったのは、信玄ばかりではないこともわかっています。

しかし、武田家の資料には、増税に関することや農村の疲弊による農民の逃亡などが特に多く記録されています。武田家は、信玄の子の勝頼の代で滅びています。だから、武田家の文書のほとんどは残っていません。数少ない残った文書の中に、領国の貧困に関する記録ばかりが存在しています。

このことから見ても、甲斐の国がかなり貧しい国だったことがわかります。そして、信玄はその貧しい国の中で、かなり無理をして大軍団をつくっていたのです。

## 信玄経済の悪循環

前述したように、織田信長は自国領内での関所などを極力廃止し、関銭なども無税とする政策を採っていました。これが信長領内での商工業の急成長を促しました。

一方、信玄はどうかというと、その逆の政策を採っていました。

甲斐領では、武田家自らが関所をつくり、関銭を取ったのです。

なぜそうしたかというと、武田家にとっては、この関銭も大きな収入源になっていたからです。もちろん、関銭を取れば、流通はそれだけ阻害され、商工業の発展の妨げになります。

信玄としても、関所は廃止したかったはずで、一部では廃止された関所もあります。しかし、背に腹は代えられず、多くの関所は武田家の収入源として残されたようです。

このように、信玄領の経済には「貧しいがために改革ができない」「改革できないために貧しいまま」という負のスパイラルが見られるのです。

また、信玄は租税に関して領主として禁じ手とも言えるような手段を採っています。

領民全体から罰金として、税を徴収したのです。

それまで、信玄は比較的軽い犯罪に対して「過料銭」という罰金的な税を課していました。町人や百姓の喧嘩沙汰についても、過料銭を課していました。この過料銭を天文18（1549）年には、あろうことか領民全部にかけたのです。領民にとっては、なにも犯罪をおかしていないのに、罰金を払わされたことになります。

天文20（1551）年には、地下衆《じげしゅう》（主人を持たず生活が不安定な人々）にもこの過料銭が課せられました。税収を増やすためには、もうなりふり構わないという感じです。『妙法寺記』には、このときのことを「皆が嘆くこと言説に及ばない」と記されています。信玄のつくった、これらの重税は信玄の死後、さらにエスカレートしました。

重罪の者でも金を払えば許され、軽い犯罪の者でも金を払わなければ、見せしめのために、磔にされるなどの刑罰が行われたのです。

『信長公記』によると、天正10（1582）年2月に、信長軍が信濃に侵攻したときには、百姓たちは自ら家に火をつけて織田軍のもとにやってきて「織田の分国にしてほしい」と懇願したと記されています。

国が疲弊したために戦争し、戦争のために重税となり、さらに国が疲弊するという負のスパイラルが極限にまで来ていたと言えます。

## 実は追い詰められていたのは信玄だった

元亀元（1572）年10月、武田信玄は将軍足利義昭の求めに応じて、西上作戦を決行します。信長包囲網の盟主として三河の徳川領を侵攻し、信長との全面対決に踏み切ったのです。

信玄は西上作戦において、京都にまで進出し、天下に号令をかけるつもりでいたと言われています。

「当時、信長は朝倉、浅井とも交戦中であり、石山本願寺などの仏教勢力とも敵対しており、ここで信玄が西上してくれば信長も危ないところだった。が、ギリギリのときに信玄が病で死去、信長は絶体絶命のピンチを逃れた」

というのがこれまでの通説です。

しかし、経済視点で眺めるならば、この見方は認識誤りです。

「信玄の西上作戦」で追い詰められていたのは、信長ではなく、信玄の方だったのです。

というのも、信玄は明らかに戦費が不足しているのに、無理に出陣しているのです。

信玄が軍備不足のまま西上作戦を決行したことは、信玄の偉業をたたえるはずの『甲陽軍鑑』にも詳しく記されています。


「信玄公が西上作戦を企てたとき、軍資金のために後家役（未亡人にかける税）や出家の妻帯役（出家した僧が妻帯したときに掛ける税）まで、新設したにも関わらず、7千両しか集まらなかった」（『甲陽軍鑑』品第五十三）

つまり、今まで税を取っていなかった未亡人の家や、妻帯している出家僧にまで税をかけて、戦費を調達しようとしたにもかかわらず、たった7千両しか集まらなかったということです。当時の貨幣価値では一両が銭3貫程度とされており、7千両ならば銭2万1千貫程度となります。

信長が堺を押さえたとき、堺の会合衆たちに対して要求した矢銭は2万貫です。このとき、信長は畿内の各都市にも同様に矢銭を要求しており、手にした金は全部で10万貫は下らなかったはずです。京都への一回の侵攻で、10万貫程度(もしくはそれ以上)を手にしていたわけです。

だから、信玄が苦心してひねり出した2万1千貫くらいの金も、信長ならばわけもなく用意できたはずです。

この経済力の差はかなり大きいと言えます。

信玄が西上作戦を開始したとき、信長は本願寺と長期戦を戦っていましたが、本願寺に加勢した毛利水軍を破るために、巨大な鉄張りの船を建造しています。この船は鉄甲船と呼ばれ、大砲まで積んでいました。もちろん、建造には莫大な費用がかかっているわけです。

巨大な鉄甲船を建造した信長と、遠征費用にも事欠いていた信玄。

戦いの勝敗は、最初からついていたのです。

## 信玄の進軍が遅かったのは税収不足のためだった

武田信玄軍の装備が決して十分でなかったことは、その戦いぶりにも表れています。

信玄は、わずか1200人が立て籠もる徳川方の二俣城を落とすのに、2か月を要しているのです。また、500人程度の城兵しかいなかった野田城を落とすのに、1か月もかかっています。

武田軍は3万人であり、この程度の城兵であれば、通常の戦いなら力攻めで一気に落とせるはずです。それにもかかわらず、これだけの時間がかかっているのです。

これは、武田軍に鉄砲などの攻城兵器がほとんどなかったことを意味します。

逆に、守り手の家康軍には兵備が充実していた、ということを示すものでもあります。

ちょうど同時期に、二条城で蜂起した足利義昭と信長との戦いを見れば、その差は顕著です。二条城に立て籠もった足利義昭は、5千〜1万の兵を擁し、そのうち千人は鉄砲隊だったとされています。それに対して、信長軍は1万5千人〜2万人程度でした。攻城戦としては、信長軍の人数は少なすぎるようにも思えます。攻城戦の場合、攻め手は城兵の10倍以上の兵力が必要だとされているからです。

しかし、信長軍はわずか2週間程度で、事実上の開城をさせています。このとき信長軍には、原始的な大砲である「大鉄砲」などの新兵器もあったそうです。

山城と平城などの条件の差異もあり、単純な比較は難しいですが、信玄軍が3万人の兵を率いて１２００人しかいない二俣城を落とすのに2か月もかかったというのは、あまりに時間がかかり過ぎです。

また、西上作戦の行程にも、信玄軍の軍備の貧弱さが現れています。

信玄軍が甲府を発ったのは、元亀３（１５７２）年の9月です。そして、信玄が陣中で死去するのはその半年後の元亀４（１５７３）年4月のことです。

半年もの間、なぜ三河付近をうろうろしていたのでしょうか。スピーディーさを旨としていた信長軍とは好対照です。

もし信玄が兵力に自信があったならば、一心不乱に京都を目指したはずです。

京都では、足利義昭が兵を挙げており、信長軍と対峙していました。信玄は、信長軍の背後から突くために進軍したのだから、当初の目的を即座に敢行するべきだったはずです。甲府から京都までは1か月もあれば十分なのだから、周囲の勢力を蹴散らしながら、京都に入ることは十分に可能だったはずです。

信玄は、なぜそれをしなかったのでしょうか？

実は「しなかった」のではなく、「できなかった」のです。

わずかな城兵しかいない家康の支城を落とすのでさえ、何か月もかかっているのです。家康の居城である浜松城を落とすのは不可能でした。

ましてや、信長領内の清須城や岐阜城を落とすことなどは、絶対に無理です。

そういう状況では、とても京都に進軍することなどできなかったのです。

また、信玄は野田城を落とすときにも、力攻めをするのではなく、水の手を絶つという回りくどい方法を採っています。だからこそ、城兵が数百名しかいないのに降伏させるまで1か月も要したのです。

この回りくどい作戦については、戦国史の謎の一つとされてきました。

なぜここまでの時間がかかったのでしょうか。

信玄の病気のせいとも言われてきましたが、すでに城を囲んでいます。信玄が病気であろうとなかろうと、後は攻めるだけであり、大勢に影響はなかったはずです。

しかし、経済視点から見れば、この謎は解けます。

信玄軍は経済的な理由から、装備が不十分だったのです。

人数の多さで押し切ることができる野戦ならばともかく、鉄砲や火薬など多くの兵器を必要とする攻城戦の場合は、装備の不足が如実に結果に現れました。

これが野田城の攻略に1か月もかかった理由であり、ひいては信玄が京都まで進軍できなかった最大の理由だと言えます。

# 第5章

# なぜ江戸時代は脱税が少なかったのか？

## なぜ江戸時代は脱税が少なかったのか？

江戸時代は、ほかの時代に比べると「脱税」はそれほど多くはありませんでした。というのも、江戸時代はかなり合理的な社会システムを持っており、民の側もそれほど無茶な脱税をする必要がなかったのです。信長の改革の「いいとこどり」をした家康は、関ヶ原の大勝で財政的な余裕もあり、それなりに領民に配慮した政治をしたのです。

江戸時代というと、

「百姓は生かさず殺さず」

「胡麻の油と百姓は絞れば絞るだけ出る」

などという言葉に象徴されるように、農民にとって辛く厳しい時代だったように思われています。

しかし、現実問題として、農民がそれほど虐げられていれば、こんなに江戸時代が長く続くはずはありません。古今東西言えることですが、多くの民を苦しめる政治というのは、それほど長くは続かないのです。

「江戸時代がひどい時代だった」

というのは、明治新政府や戦後教育の方針として、そう言わざるを得なかったからでもあります。昔の社会がよかったのであれば、今の社会の存在意義がなくなるからです。

江戸時代がそれなりに豊かだったことはデータにも表れています。

日本では、飢饉などの犠牲者が、同時代の世界各国に比べて非常に少ないのです。

江戸時代最大の飢饉とされている「天明の飢饉」では、餓死者は数十万人～１００万人程度と見られています。江戸時代の日本の人口は約３千万人程度とされており、１００万人だったとしても比率からみれば３％程度です。

もちろん現代の感覚から見れば、人口の３％が飢饉で犠牲になったということは非常に大きなことです。ただ、同時代の世界と比較すれば、これはかなり少ない被害なのです。

中世から近代にかけて世界でもっとも文明が発達していたとされるヨーロッパにおいて、飢饉の被害は日本の比ではありません。

１６９０年代のスコットランドの飢饉では人口の15％が失われています。同時代のフランスの飢饉では２００万人が死亡しており、これは人口の１割に近いものでした。18世紀初頭のプロシアの飢饉では人口の41％が失われています。

19世紀半ばのアイルランドの飢饉、いわゆるジャガイモ飢饉では、１００万人以上が餓死しました。

江戸は世界で最初に人口が１００万を超えた都市とされ、江戸時代の日本は世界屈指の人口を誇っていました。しかも、貧困者による人口爆発ではなく、それなりに暮らしていける人々の数がそれだけ多かったのです。これは、江戸時代の日本が、その時代としては非常に優れた社会システムを持っていたことによると考えられます。

## 多くの農民が文字を読めた

農民の生活の豊かさは識字率にも表れています。

江戸の出版物の多さや寺子屋の数などから逆算すると、江戸時代の男子の識字率は40〜50％程度はあったとされます。

識字率が高いということから、教育を受けさせる余裕のある家がそれだけ多かったことがわかります。当時、義務教育などはなかったので、庶民は自発的に教育を受けさせていたわけです。もちろん、それなりに費用はかかりました。

わざわざ費用をかけて教育を受けさせていた家庭が、半分近くもありました。江戸時代の職業構成では9割が農民だったので、農民の半数近くが子供に教育を受けさせる余裕があったのです。

幕末に京都の警備を担った新選組の中心メンバーだった近藤勇や土方歳三らは、農民出身でしたが、彼らは当たり前のように読み書きができました。江戸時代の日本では、字が読めるということは、珍しいことでも何でもなかったようです。

江戸時代には、全国各地に数万に及ぶ寺子屋があったとされますが、正確な数はわかっていません。

明治時代初期の明治19（1886）年、日本は初等教育を義務化し、全国で2万4303校の小学校を建設していますが、その7割は江戸時代の寺子屋を改装したものでした。

この数値から見れば、江戸時代の寺子屋は2万程度あったと見られます。

また、江戸時代は農業技術もかなり高いものがありました。

幕末に日本が開国したとき、生糸が日本の主要な輸出品になったことが知られています。なぜ生糸が日本の主要輸出品になったかというと、当時の日本の農村には品質の高い生糸を大量に生産する技術があったからなのです。

江戸時代、日本の各藩は養蚕を奨励し、その技術は著しく向上しました。江戸時代の末期には、暖房によって養蚕の日数を短縮するという技術も開発されていました。

また、養蚕の技術書なども数多く出版されています。元禄15（1702）年、我が国最初の養蚕の技術書『蚕飼養法記《こがいようほうき》』が記され、江戸時代を通じて100冊の養蚕の技術書が出版されています。その中には、千部以上刷られた本もありました。当時の出版技術を考えるなら、これは驚異的だと言えます。日本人のマニュアル好きは、江戸時代からあったのです。

また、養蚕の技術書がこれほど出版されているということは、それを読める農民がそれだけ多かったということでもあります。ここでも江戸時代の農民の生活レベルの高さがうかがい知れます。

江戸時代に出版された養蚕の技術書の中に、『養蚕秘録』というものがあります。シーボルトはこれを日本から持ち帰り、１８４８年にはフランス語に翻訳され、出版されています。日本の養蚕技術がそれだけ高かったということです。

西洋では、産業革命により機械による製糸技術が発明されましたが、日本ではその西洋技術が入ってくる以前に、すでに簡単な機械を使って製糸を行っていたのです。

## 旅行を楽しんでいた農民たち

農民の生活がそれほど苦しくなかったということは、江戸時代にお伊勢参りなどが大ブームになったことからも推測できます。

「農民が旅行をする」

ということは、当時の世界を見渡しても珍しいものです。

ヨーロッパなどの先進的な国々でも、農民は農奴からようやく解放されたというレベルであり、農奴的な存在も少なくありません。彼らが大挙して物見遊山に出かけるなどということは夢のまた夢だったのです。

しかし日本の江戸時代では、伊勢神宮を参拝するお伊勢参りが何度か大ブームになりました。宝永2（1705）年のブームのときには、400万人近くが伊勢神宮に訪れたとされます。これは当時の日本人の人口の1割をゆうに超えるものです。

お伊勢参りには、農民も多数行っていました。

伊勢神宮から「御師《おし》」が日本各地に派遣され、農民たちのお伊勢参りの世話までを行っていたのです。御師というのは伊勢神宮のセールスマン的な人のことで、伊勢神宮がつくった「伊勢暦」などを農村に配布するなどして、農民のお伊勢参りを促していました。そして、この御師はお伊勢参りの際の宿の手配などもしていたのです。

また、農閑期に農民が近くの温泉地に湯治に出かけることも、普通に行われていました。これは「泥落とし」などと呼ばれ、2週間程度滞在するのが常でした。

つまり、江戸時代の農民はお伊勢参りに行ったり、年に一度、温泉で長逗留したりを当たり前のように行っていたのです。

見方によっては、現代のサラリーマンよりも豊かな生活と言えるかもしれません。現代のサラリーマンで、毎年2週間もバカンスに出かけられる人はそれほどいないでしょう。

## 社会保障もかなり充実していた

江戸時代は、災害が起きたときの支援制度などもかなり充実していました。

日本では、古代から各地域の災害用の蔵を設け、米などを備蓄するという社会システムがありました。戦国時代になっても各地域にその習慣は残っていたと見られます。

また、戦国時代から諸大名は城に非常用の米を備蓄しておくのが常でした。その備蓄米は、本来は籠城時のためのものでしたが、災害のときには被災民に支給されることもあったのです。

そして、江戸時代になると、制度として災害時のための米の備蓄が行われるようになりました。

これは「囲米《かこいまい》」と呼ばれるもので、年貢の一部を非常用として別途補完するものです。幕府はこれを江戸時代の初期から行っていました。囲米は「囲籾《かこいもみ》」とも呼ばれました。米は籾のまま保管すると長期保存が可能なので、籾の状態で備蓄されたのです。

そして、天和3（1683）年には、幕府は諸藩に対しても「囲米」をするように命じました。囲米などの制度により、災害が起きたり飢饉になっても、日本ではそれほど死者は増えませんでした。

旧幕臣で、明治新政府の海軍大臣などを歴任した勝海舟によると、幕府の蔵には何十年も前の囲籾が保管されていたそうです。それだけ非常時備蓄の観念が徹底していたのです。

囲米は、江戸時代の中ごろになると米価の調整にも使われるようになりました。米の価格が安いときは囲米を増やして米の価格を上げ、米の価格が高いときには囲米を放出して米の価格を下げたのです。

当時、米は金銭に匹敵するほど、社会の最重要物資でした。

幕府や諸藩は米の収入が財政の柱だったので、米の価格が安いと財政が悪化してしまいます。そうかといって米の価格が上がりすぎると、庶民の生活が苦しくなります。また、米の価格というのは、ほかの物価にも大きな影響を与えていました。

そのため、幕府は囲米によって、米の価格や米以外の物価の調整をしていたのです。

つまり、幕府は囲米の売買を行うことで、現代の中央銀行のような役割も果たしていたことになります。

## 役人へ賄賂を渡して税を安くする

農民たちがこのような豊かな生活を送れたのには、税がそれほど重くなかったことがあります。

江戸時代の年貢は、通説では五公五民などと言われていますが、現実の収穫量などを検討すると三公七民くらいだったようです。

江戸時代の初期はインフラ整備の費用がかかったので、四公六民くらいでしたが、それが一通り終わると、三公七民くらいに落ち着いたようです。また、インフラ整備のときに多めに取られていた年貢も、その多くは人夫として雇われた農民などに支払われました。

年貢の決め方には、「検見法《けみ》」と「定免法《じょうめん》」がありました。

検見法というのは、その年ごとに収穫具合を見て年貢を決めるというものでした。この検見法では、その村落であまり収穫のよくない田んぼが基準とされました。なので、農民にとってはかなり有利となったのです。

また、検見に来る役人（武士）に対して、村は丁重にもてなし賄賂を贈るなどして、年貢を低く抑えてもらうこともありました。

定免法というのは、過去の収穫量をもとにして一定期間同じ量の年貢にするという方法でした。あまり手間がかからないし、賄賂などの不正も生じないことから、江戸時代の後半はこの方法が採られることが多くなっていました。

定免法では、領主の側は一定の年貢が毎年入って来るというメリットがあり、農民の側は一定の年貢さえ払えばそれ以上に収穫したものは自分たちの物になるので、生産意欲がわくというメリットがありました。

定免法には、自然災害や天候不順などで収穫量が落ちた場合、農民の負担が大きくなるというデメリットがありましたが、そういう場合は、その年だけ検見法に切り替えられたり、例年よりも年貢量を減らすなどの方法が採られました。

つまり、どっちに転んでも農民の負担が大きく増えないようにされていたのです。

## 脱税が黙認されていた農民たち

しかも当時は、どこの農村にも「隠し田」と言われる、簿外の田がありました。この隠し田には、年貢はかかりませんでした。役人たちも隠し田の存在は、ある程度知っていましたが、多くの場合、見て見ぬフリをしていたのです。二宮尊徳も、年貢の課せられていないあぜ道などに作物を植えて、稼ぎの足しにしていたそうです。

もちろん、領主は農民の隠し田を把握し、年貢を増やしたいと思っていました。

そのため、検地と呼ばれる「土地調査」を行おうとします。しかし、土地調査というのは実はそう簡単なものではありません。全国の土地を測るという実務的な困難さもありますが、農民の反発という大きな障害があるのです。

検地（土地調査）をすれば、隠し田が見つかってしまいます。また、農地を正確に把握されることは、課税が厳しくなるということにもなります。だから、検地というのは、昔から非常に難しいものだったのです。

この検地は、豊臣秀吉の時代に本格的なものが行われましたが、それ以降は、全国的な検地は行われていなかったのです。

たとえば、天保13（1842）年に近江地方で幕府が幕領の検地を行おうとしましたが、農民の反対に遭い、中止されてしまいました。

農民が検地をさせないということは、現在で言えば税務調査をさせないようなものであり、「自分たちは年貢を誤魔化していますよ」と言っているようなものです。領主側もわかっていながら、農民の反発が怖くて検地を強行することはできなかったのです。江戸時代の農民は、それほど領主から恐れられていたのです。

明治時代になって地租改正のために全国の農地を計測しましたが、江戸時代の記録では日本全国の収穫量は3222万石となっていたのが、実は4684万石もあったことがわかりました。実際の石高は、名目の1・5倍もあったわけです。つまり、隠し田が相当あったと思われます。

## 江戸の町民は無税だった

町民は、農民よりもさらに生活が楽だったと見られます。

特に江戸の町民は非常に恵まれていました。

まず、江戸の町民には税金らしい税金は課せられていませんでした。

中世以降、町民は「地税」という税を納めるのが普通でした。これは土地税のようなもので、江戸時代においても、江戸以外の地域では普通に徴収されていました。しかし、江戸の町民だけは地税を払っていなかったのです。

なぜ江戸の町人だけが税金を免れていたのかというと、天保13（1842）年に勘定奉行の岡本成は、次のように述べています。

「町民が地税を納めるのは当然のことながら、江戸の場合は、徳川家が江戸に入ったときに、寛大さを示すために地税を取らなかった。そのため、江戸の町民は地税を納めなくていいものと思い込み、これまで地税を徴収できなかった」

なんともお人好しというか、呑気な話ではあります。

おそらく、家康が秀吉による国替えで江戸に入ったとき、江戸に人を呼び寄せるために、最初は地税を取らなかったのでしょう。それがそのまま、町民の「既得権益」となってしまったのです。

この発言があった天保13（1842）年というと、江戸時代の最後期です。つまりは、江戸時代を通じて、江戸の町人たちは地税を払わずに済んだのです。

そのため、江戸の町民たちは、江戸幕府が大好きでした。戊辰戦争で官軍が江戸を占領したとき、江戸の町民たちは官軍から求められた御用金の拠出にはなかなか応じませんでした。江戸の町民が、江戸幕府に対して恩義を感じていたからなのです。

## それほど富の集積も起きなかった

このように、かなり恵まれた境遇にあった江戸時代の町人たちでしたが、そうかといって、商人への過度な富の集積も起きませんでした。

当然ながら、長い江戸時代の間には大商人も生まれ、大名の中には商人に頭が上がらないものが出てきていました。しかし、中世や近世のヨーロッパ諸国のように、国王が国土を担保に金を借りたり、商人や銀行家に振り回されたりというような事態は生じなかったのです。

これは、あくまで幕府が政治経済を主導し、管理していたからだと考えられます。

江戸時代はかなり自由な商業活動が許されており、富の蓄積も認められていました。ただ、あまりに強欲な商売をしている商人や、贅が過ぎるような商人は財産を没収されたり取り潰しに遭うこともあったのです。

たとえば、大阪で米の先物取引を始めたとされる豪商の淀屋は、五代目のときに「豪奢を極めた」ということで咎を受け、全財産を没収されています。

また、富豪にはそれなりの社会的な責任も求められました。

江戸時代から昭和初期にかけて、日本一の地主と言われていた山形・酒田の本間家なども、防風林の植林や飢饉対策などのために多額の自費を投じ、幕末には藩に巨額の御用金を供出しています。

江戸時代の中ごろから武家の生活はかなり苦しくなっていましたが、没落してしまう武家はあまりいませんでした。武家の主な収入源は年貢で徴収した米だったのですが、江戸時代も中ごろになると、様々な商品が市中に出回るようになり、米の価格が相対的に下がりました。そのため、武家の生活は苦しくなったのです。

しかし、没落して武家の身分を放棄してしまうような者は、それほど多くはありませんでした（もちろん一部には存在しましたが）。

これは、幕府の巧妙な経済政策によるものと思われます。

幕府は定期的に、武士への救済処置を行っていたのです。

江戸時代には、享保、寛政、天保という三回の大きな改革が行われています。この三回の改革にはそれぞれに特徴がありますが、一つだけ共通点があります。

それは、「武士の借財を帳消し」にしたことです。

そして、武士の借財の帳消しは、享保の改革以来、だいたい50年周期で行われています。

そのため、「父親の代からの借金を背負うことはあっても、祖父の代からの借金は背負うことがない」という状態だったのです。

また、幕府は商人側にも配慮しました。武家の借財帳消しを行うたびに、札差(金貸業者)に対し特別融資を行うなどをして、金融不安が起きないようにしたのです。高圧的に借金を踏み倒すだけじゃなく、それなりの手当も行っていたのです。

だから、札差(金貸業者)も極端な貸しはがしに走ることはなく、江戸期を通じて武家との持ちつ持たれつの関係を保っていたのです。

## なぜ京都の商家はうなぎの寝床と呼ばれるのか?

江戸時代は、脱税は少なかったのですが、いつの時代でも税を払いたくないのは人情であり、それなりに脱税行為や逃税行為はありました。

たとえば、京都の商家です。

京都の古い街並みには、うなぎの寝床と呼ばれる、間口が狭くて奥に長い商家がけっこうあります。このうなぎの寝床も実は税金が関係しているのです。

古代から近世まで、日本の中心地は京都でした。

戦国時代も京都を押さえたものが天下を取れると言われたほど、京都は重要な場所でしたが、反面、京都は為政者にとって治めにくい土地でもありました。

京都は古来から天皇のお膝元であったため、武士の言うことなどまともに聞かなかったのです。

為政者は、日本の中心地たる京都からなんとか税を取ろうと苦心しました。

「地口銭《じぐちせん》」もその一つです。

「地口銭」というのは、通りに面した間口の広さに応じて、賦課された税金です。永禄元（1558）年に、三好長慶《ながよし》が課したと言われています（それ以前からあったという説もあります）。

この課税に対して、京都の人たちは間口が狭くて奥行きが広い町家を造り、税金を安くしようとしたそうです。現存する京都の町家に、うなぎの寝床のように細長い形をしているものが多いのは、このためなのです。

また、これと同じような税が江戸時代の江戸にもありました。ゴミの収集代として「町中塵捨賃」と言われる税が江戸にはありましたが、この税も通りに面した家は間口に応じて課せられていました。この税を安くするために、江戸でもうなぎの寝床のような町家が多い地域もありました。

## なぜ北前船の形はいびつなのか?

江戸時代の流通に大活躍した「北前船《きたまえせん》」という廻船があります。

北前船は、江戸時代から明治の初めにかけて日本海での流通を担っていました。

大坂からいったん瀬戸内海に下って下関を回り、そこから北上して北海道まで行きます。

この航海は一年くらいかかりました。

積荷は、北海道に行く下りが米、酒、塩、砂糖、紙、木綿などで、大坂に行く上りは昆布、ニシン粕などの海産物を積んでいました。

北前船は、「千石船の一航海の利益は千両」と言われるほど利益を上げていました。

北前船に対して北海道松前藩は、高率な出入国税をかけていました。この出入国税は、船の中央部の広さに応じて課せられていました。通常、船の積荷は船の中央に載せるものなので、中央部の広さは船の大きさを表すものだと松前藩は考えたのです。

しかし、北前船の船主たちは船の構造をいびつにすることで、この出入国税に対抗しました。船首部分を大きく膨らませ、中央部は細くしたのです。北前船というのは、船の形が変わっていることで知られますが、それはこういう理由があったのです。

## 幕府は貨幣鋳造益を財源にしていた

幕府が過酷な税を課していなかった理由の一つに、「貨幣鋳造益」があります。

江戸幕府は、金貨、銀貨、銅銭、鉄銭などの貨幣の鋳造を独占していました。原則として、諸藩は貨幣の鋳造ができませんでした。幕府の許可を得れば、藩領だけで通用する地域通貨は発行することができましたが、全国に通用する貨幣の鋳造は幕府が独占していたのです。

戦国時代までは、貨幣は諸大名が勝手につくっていました。織田信長、豊臣秀吉をはじめ、武田信玄や今川義元なども貨幣をつくっていました。もちろん、貨幣の品位や価値はバラバラでした。

日本で最初に本格的かつ体系的な貨幣制度をつくったのは徳川家康だったのです。

家康が本格的な貨幣の発行に着手できたのは、全国の主要な鉱山をほとんど手中にしたからです。

信長や秀吉も、全国の主要な鉱山を手に入れようとしてきました。信長は早い段階から兵庫の生野《いくの》銀山を山名家から奪って直轄領にし、秀吉もそれを引き継いでいました。また当時、日本最大の金鉱山だった佐渡金山は上杉家が所有していましたが、秀吉は上杉を会津に転封させ、これを自分の直轄としたのです。しかし、全国の主要な鉱山をすべて手に入れることはできませんでした。

これに対し、家康は関ヶ原の戦いの大勝利により、諸大名の誰もが家康にはまったく歯向かえないようになり、家康の命令により全国の主要鉱山はすべて徳川家の手に落ちたのです。当時､世界一の銀産出量を誇っていた石見《いわみ》銀山も、このとき家康のものとなりました。

また、家康のつくったこの貨幣制度は幕府の財政安定にも大きく寄与しました。

幕府は貨幣を鋳造することで、その益がそのまま財源となるのです。諸藩や全国の人々は、幕府のつくった貨幣を使わざるを得ないので、幕府の設定した価値で貨幣を入手したり交換したりします。いわば、諸藩や全国の人々は、幕府に間接的に「通貨使用税」とも言える税金を払わされていたわけです。

幕府の貨幣鋳造益は、幕府の財政に大きく寄与しました。江戸時代の270年の間に、米の価格が相対的に下がったため、幕府財政の3割以上を貨幣鋳造益が占めるほどになったのです。幕末になると、その割合はさらに高くなりました。

この貨幣鋳造益があったため、年貢自体はそれほど高くせずに済んだのです。

## 品位の悪い金貨をつくって財源にする

また、江戸幕府は江戸時代中期に「貨幣改鋳」という新たな財源も手に入れました。

簡単に言えば、金の品位を落とした小判を鋳造し、それを以前の小判と同じ価値で流通させ、その分の差益を得るということです。

この「貨幣改鋳」は江戸幕府の財政再建の常套手段となりました。

最初に貨幣の改鋳を行ったのは、元禄8年（1695年）8月のことだとされています。

当時の勘定吟味役、荻原重秀《おぎわらしげひで》が金銀の産出量の不足と貨幣流通量の低下を理由に、金の品位を落とした「元禄小判」を鋳造したのです。

この貨幣改鋳により、幕府は500万両の出目《でめ》（収入）を得たとされています。

荻原重秀は、4代将軍の家綱と5代将軍の綱吉に仕えた財務官僚です。綱吉、6代将軍の家宣、7代将軍の家継の治世のことを記した『三王外記』には、荻原重秀の「貨幣は国家が造る所、瓦礫を以ってこれに代えるといえども、まさに行うべし」という言葉が載っています。

これは「貨幣は国家がつくるものなのだから、瓦礫で作ったとしてもそれは貨幣となりえるのだ」という意味です。

つまり、貨幣は国家がその価値を決め、社会に流通させるものなのだから、品位の高い金銀でなくても構わないのだ、というわけです。

貨幣改鋳は市場の混乱を招いたという説もあり、賛否両論がありますが、幕府の財政再建に大きく寄与したことは間違いありません。そして、荻原重秀以降、貨幣改鋳が幕府の財政の柱にさえなっていくのです。

この貨幣改鋳は、日本が鎖国し、金銀銅を幕府が独占していたからこそ可能でした。

もし鎖国していなかったり、諸藩が金銀銅の大掛かりな採掘をしていたりすれば、幕府の鋳造した貨幣は、値崩れを起こしたり使用不可になったりしていたはずです。幕府以外の金銀銅が市場に出回れば、幕府の作った品位の低い金貨、銀貨は敬遠されるようになるからです。

しかし、江戸時代では、日本は鎖国状態で貿易は幕府が管理しており、しかも日本の主な金銀銅の鉱山は幕府が握っていたので、幕府以外のルートから金銀銅が社会に出回るおそれはありませんでした。そのため、幕府の鋳造した貨幣は、幕府がつけた価格で使用されたのです。

## 横浜の造船所は貨幣改鋳益でつくられた

これに味をしめた幕府は、財政が悪化するたびに、貨幣改鋳を行いました。そのため、関ヶ原の翌年に鋳造された慶長小判と安政の小判を比べれば、金の品位は3分の1になっていました。

貨幣の改鋳による財政補填を最大限に利用したのは、幕末の政治を仕切っていた小栗《おぐり》上野介《こうずけのすけ》です。

小栗上野介は、「万延二分金」という新通貨を発行し、幕府の財政を劇的に好転させました。

万延二分金とは、万延元（1860）年から鋳造を開始された金貨です。通貨価値は二枚で1両に相当します（1両＝4分）。

この万延二分金は、それまでの金貨と比べると、金の含有量は60％しかありませんでした。金の減量分は、幕府の取り分になるという寸法です。

この万延二分金は、それまでの貨幣の10倍以上の5千万両分も大量発行されたのです。それまでの幕府の金貨は、せいぜい多くても数百万両程度しか鋳造されていないので、万延二分金の鋳造量だけが突出しているのです。

万延二分金は、幕末の財政悪化を補う切り札でもあったのです。

小栗上野介は万延二分金の改鋳による差益で、慶応元（１９６５）年ごろに横須賀製鉄所を建設する計画を立てたと言われています。

しかし、世間にとって、万延二分金というのはあまりありがたくない存在でした。金の含有量が４割も減っているのに、これまでと同じ価値で使わされるのです。

しかも５千万両という大量発行です。その結果、世間では急激なインフレが起き、経済が混乱しました。米の値段などは、万延元（１８６０）年以降の７年間で10倍近い値上がりをしたのです。もちろん庶民は、非常に困りました。

このように、万延二分金の大量発行をすればインフレが起きるというのは、小栗も最初からわかっていたはずです。しかし、幕府財政を立て直すために、なりふり構っていられなかったのです。

このような経緯から、小栗は諸藩や世間から恨みを買うことになり、倒幕運動の一因にもなりました。

## 薩摩藩と土佐藩は「奪税」で倒幕資金をつくった

すでに述べたように、幕末に幕府の財政を担うことになった小栗上野介は、財政再建の切り札として「万延二分金」を大量に鋳造しました。

それについて、諸藩もただ指をくわえて見ていたわけではありません。幕府だけが潤うということは、諸国の雄藩にとって非常に面白くないことでした。

江戸時代の諸藩は、税務の上では一応、幕府から独立した存在でした。幕府は、原則として諸藩に対して課税権は持っておらず、諸藩は年貢などの税を自由に使うことができました。なお、富士山大噴火のときなど、幕府が臨時に諸藩から税を徴収することも稀にありました。

また、「天下普請」という名目で、幕府領内の治水などの事業が諸藩に命じられました。天下普請は、諸藩にとって大きな負担となっていました。

参勤交代も諸藩にとっては大きな財政負担となっていました。諸藩は、幕府から直接的に税徴収はされていなかったものの、間接的にはけっこう大きな財政負担を強いられていたのです。諸藩の方が幕府よりも財政的に厳しかったのです。

また、幕末にはアメリカのペリー艦隊が来航し、日本は無理やり開国させられました。日本の国防を担っていた幕府に対して不信感を持つ知識人は多く、諸藩の中にも幕府のリーダーシップを疑う声が出てきていました。いわゆる討幕運動の始まりです。

討幕運動を行うにあたって諸藩の大きな財源となったのが偽金でした。

諸国の雄藩たちにとって、幕府が二分金の改鋳によって莫大な収益を上げていることは、非常に羨ましいことでした。そこで、諸藩の中には、自分たちも万延二分金の偽造品を作って、その恩恵を受けようとする者が出てきたのです。

幕府の財源を横取りしようということであり、脱税を通り越して税の収奪、つまり「奪税」をしようというわけです。

幕末から明治初期の間に、薩摩をはじめ、土佐藩や安芸藩などで、万延二分金の偽金を鋳造していたことが判明しています。そして、討幕派だけではなく、佐幕派だった会津藩なども偽金をつくっていました。討幕派か佐幕派かを問わず、経済的に強かった藩が幕末の政局を動かしていたということでしょう。

特に薩摩藩は、かなり早い時期から鋳造技術者をわざわざ江戸から呼び寄せ、相当な額の偽金を作っているとされています。また、長州藩は万延二分金の偽造こそ行っていないと思われるものの、天保通宝の偽造はかなり大掛かりに行っていたと見られています。

そして、この偽金が幕末の経済を動かし、明治維新の影の原動力になっていくのです。

万延二分金は金よりも銀の含有量の方が多い「金貨」でした。つまり、名目上は「金貨」ですが、その実は金メッキをした銀貨だったのです。

当時、日本には欧米諸国からメキシコ銀が大量に入ってきていました。欧米諸国は、日本との貿易の支払いを、メキシコ銀で行うことが多かったのです。このメキシコ銀を改鋳して、偽の二分金が作られたのです。

あの坂本龍馬も、実は偽金製造に強い関心を持っていました。土佐藩の偽金づくりを主導したのは坂本龍馬だったのです。龍馬は、薩摩藩の偽金製造事情を調べ、偽金の製造を土佐藩に献策しました。

慶応3（1867）年8月、龍馬は土佐藩の役人の岡内俊太郎が薩摩に出張する際に、「偽の二分金を薩摩から持ってくるように」と命じています。岡内俊太郎は、土佐藩の下横目《したよこめ》という下級官吏であり、土佐の長崎出張所に勤務している際に、龍馬と知り合ったようです。龍馬は、岡内俊太郎を信頼していました。

そして、岡内が薩摩藩に出張するというのを聞き、「極秘の任務」を依頼したのです。龍馬は岡内に「土佐藩でも同じように偽金貨を作って、戦乱に備えるべき」とも言ったそうです。この献策を土佐藩は採用し、龍馬の死後、秘密の製造工場をつくって偽の二分金を大量に製造したのです。

偽金製造をした藩は現在判明しているだけでも、会津、秋田（久保田）、仙台、二本松、加賀、郡山、佐土原、高知（土佐）、広島（安芸）、宇和島、薩摩、筑前、久留米があります。諸藩がつくった偽金は偽物だと認識されつつも、価格が割り引かれて流通していました。

というのも、現在の偽札と違って、偽の二分金には一定の価値はあったのです。偽札なら「偽物だ」と判明した時点で、一銭の値打ちもなくなります。しかし、偽二分金の場合は、多少とも貴金属を使って作られているので、まったく無価値とはならなかったのです。

偽二分金の基本的な製造法は、銀の中身に金のメッキをするというものです。そのため、一定の金・銀を含有しています。市場でも、一定の価値評価はされたのです。

もちろん、各藩の製造事情により、二分金の原材料は変わってきます。だから、製造元によって、偽二分金の価値にも上下がつけられていたようです。

江戸幕府が作った二分金は一枚につき銀167グラムで交換されました。筑前藩の偽二分金は154グラム、薩摩藩の偽二分金は134グラム、安芸藩の偽二分金は119グラムの銀と交換されました。土佐藩の偽二分金はそれよりさらに低い通貨価値だったそうです。

ちなみに、当時の偽二分金の番付では、①筑前②加賀③佐土原④宇和島⑤薩摩⑥安芸⑦郡山⑧土佐⑨三原、とされています。

## 福沢諭吉の脱税計画

江戸時代を通じて比較的財政にゆとりのあった江戸幕府も、幕末になると財政が極度にひっ迫しました。開国の影響で外国から軍艦や武器などを購入したり、砲台を建設したりしなくてはなりません。それまでとは桁違いに財政支出がかさんだのです。

そのため、幕府は新しい財源を探そうと新たに「御国益掛《ごこくえきがかり》」という役所をつくりました。御国益掛は、簡単に言えば新しい税などをつくり、財政を好転させようという役所です。江戸市中に新しく堀をつくって通行する船から運上（税金）を取る、江戸に入ってくる酒に税を課すなどの新税が検討されました。

その中で、江戸市中の糞尿を税として徴収し、幕府がそれを肥料にして財政の足しにしようという計画が持ち上がりました。

江戸時代、糞尿というのは財産の一つでした。江戸の長屋では「糞尿は大家がもらう」という約束になっていました。糞尿を業者に売却し、業者はそれを肥料にして農村に売るのです。この糞尿はけっこうなお金になったので、江戸の長屋は比較的安い家賃でよかったのです。

この大家の持ち分だった糞尿を、幕府が横取りしようというわけです。

福沢諭吉は、この糞尿税についてこういうことを述べています。

糞尿税のことを聞いたある洋学者が

「政府が業者を無視して糞尿を独占しようというのは、いわゆる圧制政府である。昔、アメリカ国民は本国イギリスが輸入品の紅茶に課税したことに怒り、貴婦人たちはいっさい茶を飲まず、茶話会の楽しみをやめたという。このたびはアメリカ人にならい、われわれも便を出すのを一切やめ、政府を困らせてやろうじゃないか」

ということを言って一同、大笑いをしたことがある。

（『福翁自伝』より著者が意訳）

つまり、福沢諭吉の知人の学者が、「幕府の糞尿税に対抗するため、我々は大小便をするのをやめよう」と言ったということです。

糞尿税は、実現する前に明治維新が起こり、実現しませんでした。福沢諭吉もこの脱税をしなくて済んだわけです。

## 福沢諭吉が激怒した「洋書税」とは？

前項の糞尿税と同じ時期に、江戸幕府は「洋書税」というものも計画していました。

これは、幕府が西洋からの書物を独占的に輸入し、税を課した上で販売しようというものでした。開国して西洋の文化が広まるにつれて洋書の需要が高まるはず、ということで、この洋書を財源にしようと考えたわけです。

そして、幕府は慶応3（1867）年にアメリカに使節を派遣した際に、実際に洋書を大量に購入しようとしました。そのとき、洋書の買い入れを命じられたのが、使節団の一員だった福沢諭吉でした。当時、福沢諭吉は数少ない英語通訳者として幕府に採用されていたのです。

しかし、まともな教本もない中で苦労して英語を勉強してきた諭吉にとって、それは到底、承服できるものではありませんでした。

「今の日本人には欧米の書物が必要」

「できるだけ多くの日本人が欧米の書物に接して新しい文明を吸収すべき」

と思っていた諭吉にとっては、幕府は洋書を国民に広く普及させるべきであり、洋書を高く売ることなどはもってのほかだったのです。

そのため、同行していた幕府の御国益掛の役人に噛みついてしまいます。

「幕府が儲けるための手助けをしたくない」

と。

当然、幕府としては諭吉を疎ましく思うようになります。この渡米旅行中に、使節団の上層部は諭吉に「もうお前の役目は済んだから早く帰ったらどうだ」とまで述べます。さすがに諭吉だけを先に帰すことにはなりませんでしたが、帰国後、諭吉は幕府の役職を解かれてしまいます。

そのため、明治維新のときには、諭吉は幕臣ではありませんでした。もし諭吉が幕臣として明治維新を迎えていれば、その後の活躍はかなり制限されていたかもしれません。

諭吉は明治維新の動乱期には、幕府側にも新政府側にもつかず、一心不乱に英語塾に情熱を傾けていました。その英語塾が現在の慶応義塾大学の起源なのです。

# 第6章

# 大日本帝国の脱税攻防

## 「地租改正」の目的は脱税防止だった

明治維新で、日本の税制は大きく改正されました。

いわゆる「地租改正」です。

地租改正は、戦後の日本ではあまり評価されてきませんでした。

「地租改正とは、それまで米で納めていた年貢をお金で納めるようにしただけであり、農民の実質的な負担は変わらなかった」

「金に変えなくてはならない分だけ、農民にとっては負担になった」

中学校の教科書などでも、このようなことが書かれています。

しかし、これは大きな誤りです。

「地租改正によって農民の負担が増えた」という見方は事実ではありません。負担が増えた農民もいましたが、ほとんどの農民の負担は減っているのです。

大局的に見て、地租改正は「経済成長」や「国民生活の向上」に大きく貢献しているのです。

もし地租改正で農民の負担が増えたのならば、生産意欲が減り、生産は減るはずです。

しかし、明治以降の日本の農業生産は急拡大しています。農業生産の増大は農業技術の向上もその理由ですが、最大の要因は地租改正が農民のやる気を引き出したことなのです。

地租改正では、これまで物納だった年貢をやめ、金銭による納税に変更されました。これは農民の負担を増やしたわけではなく、逆に農民のインセンティブは大きくなったのです。

地租改正で定められた新たな税率は、土地代の３％でした。この土地代の３％というのは、収穫米の平均代価の34％程度に設定されていました。

これは江戸時代の年貢と同等か、若干低い程度の負担率だったのです。

江戸時代の年貢では、収穫高に応じて年貢率が定められたので、収穫が上がってもその分だけ年貢が増えました。つまり「頑張って生産を増やしても、年貢で取られるだけ」という状態にあったのです。

しかし、地租改正は収穫高に応じて税額が決められるのではなく、あらかじめ決まった額の税金を納めるだけで済みました。そのため、農民としては頑張って収穫を増やせば、増えた分は自分の取り分になるということになったのです。そのため勤労意欲がわくことになり、生産量が増加しました。明治時代の45年間だけで、米の収穫量は2倍にも膨れ上がったのです。

また、地租改正は税の公平性や透明性を高めるものでもありました。

江戸時代の年貢では、農民の負担率は幕府や藩によってまちまちでした。地租改正では、負担率を全国で統一し、公平化したのです。

江戸時代では、各藩の年貢率は幕府（天領）の年貢率より高くなっていました。幕府は広大で肥沃な領地を持っていましたし、幕府としての威厳もあるので、領民の負担は諸藩よりも軽くされていたのです。

しかし、地租改正によって、全国の税率は一律となりました。日本のほとんどの農民にとっては負担減となりましたが、幕府領（天領）の農民には負担増となりました。そのため、明治維新直後に起こった農民一揆のほとんどは、旧幕府領だったのです。

さらに、地租改正は税徴収の効率を高めるものでもありました。

前述したように、江戸時代の年貢の場合、毎年の取れ高に応じて年貢率が決められるものであり、その年貢率を決めるのは地域の役人でした。その役人は大きな権限を持っているわけであり、当然、贈収賄などの不正行為が頻繁に行われていました。

農民は役人に賄賂を渡すことで、脱税をしていたわけです。

しかし、地租改正により、それまでの役人と農民の曖昧で不透明な関係を清算し、公平で透明性の高い税制になったということです。

地租改正は、当時としては非常に優れた税制改正だったのです。

フランスの大蔵大臣で、経済学者でもあったレオン・セイは、松方正義から「地租改正」の話を聞き、「租税改革として最善の策だ」としてたたえました。そしてフランスでも参考にしたいので、詳しい経緯を文書にして送ってほしいと要請したそうです。

また、地租改正において、明治6（1873）年から明治14（1881）年まで、地租の基準額を決めるため土地の調査が行われました。

この調査により、改正前の記録では日本全国の収穫量は3222万石だったものが、実は4684万石もあったことがわかりました。実際の石高は、名目の1・5倍もあったわけです。

前に述べたように、農民は「隠し田」をつくって年貢を逃れるという脱税を行っていました。しかし、農民の反発もあって、豊臣秀吉の太閤検地以降、全国的な検地などはできませんでした。実際にどのくらいの田があり、どのくらいの収穫量があるかは、不明となっていたのです。

その脱税分が明治新政府による土地調査で判明したわけです。

このときに作られた土地台帳は、現在の土地の登記簿の原型となっています。

## 地租の欠陥

このように地租改正は非常に優れた税制であり、地租は明治前半の税収の柱となり、明治18（1885）年には、税収の8割を占めていました。

しかし、その後、地租の税収シェアは急に縮小していき、明治45（1912）年には20％を切り、昭和に入るころには10％を切っていました。地租は、税収としてはまったくあてにならなくなったのです。

なぜ地租の税収のシェアが下がったのかというと、その原因は「日本の経済発展」にありました。

あまり知られていませんが、戦前の日本は超高度成長を遂げていました。明治維新から第二次大戦前までの70年間で、日本の実質GNPは約6倍に増加しており、実質賃金は約3倍、実質鉱工業生産は約30倍、実質農業生産は約3倍になっているのです。当時のほかの国と比較しても、大成長と言えます。

経済成長をすれば、当然、物価は上がります。これに対し、地租は明治初期に決められた土地の基準価格がほぼそのまま使われ続けました。当時は、土地の価格を調査するのは、非常に大変なことだったので、そう簡単に行えるものではなかったのです。

明治初期の土地の価格を元にして税額が決められているわけですから、時間が経てばどんどんその価値は下がっていきます。つまり、実質的な税負担は軽くなるわけです。

政府ももちろんそのことに気づき、税率をたびたび上げるなどの措置を講じます。しかし、税率を上げようとすると国民が反発するので、なかなか物価の上昇分に追い付くほど上げることはできません。

また、明治43（1910）年からは、賃貸価格を基準にして地租の価格を決める方法が採られるようになりました。それでも、一度下がった税負担を引き上げるのはなかなか難しく、またほかの税目で税収が得られるようになったので、地租の税収シェアは下がる一方となったのです。

ちなみに、地租は戦後、地方税に移譲されて「固定資産税」という名称になっています。

## 酒とタバコで賄われた日本軍

地租の代わりに、戦前日本の税収の柱になったのは、酒とタバコです。

たとえば、昭和8（1933）年にもっとも多いのが官業収入の35・7％です。官業収入とは、専売事業、森林事業、郵便事業、鉄道事業などでの収益のことです。国が独占的に事業を行い、そこから得られる収益を歳入に繰り入れていたわけであり、いわば間接的に国民から税を取っていたことになります。

そして、官業収入の次に多いのが酒税の14％です。酒税も間接税です。

官業収入と酒税だけで歳入の約半分を占めていたわけです。戦前の日本の財政は、大半が間接的な税で賄われていました。

また、官業収入の主要なものはタバコであり、約3割はタバコの専売収入でした。

つまり、酒とタバコだけで国家歳入の約3割を占めていたのです。

特に酒は、明治後半から昭和前半にかけて、税収の1位だった時期がかなりあり、酒税だけで歳入の3割を占めていたこともありました。

大正時代、秋田の大曲税務署が出した密造酒に関する警告書には次のように記されています。

「わが国では20個師団の兵を備え置くには1年に8千万円を要し、60万トンの海軍を保つには1年5千万円を要すから、結局酒税1億円と砂糖税3千2百万円だけあれば、陸海軍を備え置いてあまりあるわけである」

当時の酒税は1億円あり、これだけで、陸軍と海軍の年間費用がほぼ賄えたというわけです。戦前の日本の軍備は、世界的に見ても相当なものでしたが、それを賄えるほどの税収を酒税だけで稼いでいたのです。

戦前の酒は高く、日本酒一升で今の貨幣価値にして4千～6千円くらいしたうえに税率も高かったので、大きな税収を得られたのです。

現在の酒税は、法人税や消費税よりもずっと税収が低く、税収としての存在価値はほとんどありません。これに対し、戦前の酒税は、国家財政の柱とも言える税金だったのです。

## 戦前は一般家庭で普通に「脱税」が行われていた

今では考えられないかもしれませんが、戦前では一般家庭で、普通に脱税が行われていました。というのも、当時の家庭では当たり前のように密造酒「どぶろく」がつくられていたのです。

日本人は何かにつけて昔から酒を飲む文化があります。各家庭では、自家製酒「どぶろく」をつくることが当たり前に行われていました。つまり脱税をしていたのです。

そもそも、日本には家庭で酒をつくる文化がありました。

特に農村地域では当たり前のように酒がつくられていました。酒造りが禁止されたのは、明治になってからの話です。日露戦争を前にした明治31（1898）年、税収増加のために、一般家庭での酒造が禁止されました。

それまでも酒に税金は課せられていたのですが、家庭でつくった場合も、酒税さえ納めていれば合法だったのです。

しかし、家庭でつくった場合にはなかなか課税ができないし、酒税の税収を一気に増やしたかったために、当局が酒造禁止をしたのです。そのため、庶民は家で酒を飲もうと思えば、業者から買わなければならなくなったのです。

ところが、戦前は原料の米が今よりもずっと高かった上、高額の酒税が課せられていたので、庶民はせっせと酒の密造に励んだのです。

農村地域では、つくったどぶろくを家庭で飲むだけではなく、密売もしていました。農村一帯がグルになって、密造酒のシンジケートをつくっていたこともありました。ちょうど、現代の麻薬の製造・販売と似たようなものがあったのです。特に東北地方は、密造酒のメッカとされていました。

もちろん、税務当局も手をこまねいているわけではありません。酒税は重要な税収源であり、密造酒を許すわけにはいかなかったのです。

そのため、東北地方では、税務署の密造取締部隊をつくっていました。それが現在の脱税摘発部隊である国税局査察部（通称マルサ）の原型なのです。農村の方も村を挙げて税務署員に抵抗しました。村内に税務署員と思しき怪しい人物が入ってきた場合は、大人も子供も総出で村中に警戒を呼びかけ、酒樽を山に隠してしまうのです。摘発に来た税務署員に暴行したりすることもありました。

宮沢賢治の童話の中に「税務署長の冒険」という作品がありますが、これは税務署と農村の密造酒を巡る攻防を描いたものです。

酒の密造をしていたのは、農村だけではありませんでした。先に述べたように一般家庭でも、普通につくられていたのです。犯罪の話なので、データはあまり残っていませんが、戦前の庶民の生活誌にはどぶろくのことがちらほら出てきます。

たとえば、脚本家で直木賞作家でもある向田邦子の「父の詫び状」というエッセイには、次のような文章があります。

> 保険の外交員は酒好きな人が多い。配給だけでは足りる筈もなく、母は教えられて見よう見真似でドブロクを作っていた。米を蒸し、ドブロクのもとを入れ、カメの中へねかせる。古いどてらや布団を着せて様子を見る。夏は蚊にくわれながら布団をはぐり、耳をくっつけて、
> 「プクプク……」
> と音がすればしめたものだが、この音がしないと、ドブロク様はご臨終ということになる。

物置から湯タンポを出して井戸端でゴシゴシと洗う。熱湯で消毒したのに湯を入れ、ひもをつけてドブロクの中へブラ下げる。半日もたつと、プクプクと息を吹き返すのである。

ところが、あまりに温め過ぎるとドブロクが沸いてしまって、酸っぱくなる。こうなると客に出せないので、茄子《なす》やきゅうりをつける奈良漬の床《とこ》にしたり、「子供のドブちゃん」と称して、乳酸飲料代りに子供たちにお下げ渡しになるのである。すっぱくてちょっとホロっとして、イケる口の私は大好物であった。弟や妹と結託して、湯タンポを余分にほうり込み、

「わざと失敗してるんじゃないのか」

と父にとがめられたこともあった。

この「父の詫び状」には、戦前の日本の家庭生活の様子が細かく描かれています。作者の向田邦子が育った家庭は農家ではなく、普通のサラリーマン家庭です。そういう家でも、どぶろくが作られていたということなのです。

ちなみに、現在も一般家庭で酒をつくることは酒税法で禁止されています。しかし、今では、酒の値段は安くなったので、税金分を差し引いたとしても、家庭で酒をつくるより

買った方が安いと言えます。昨今、どぶろくをつくる人は酒税を逃れるためというより、自分の趣味のためであることが多いのです。そのため、税務当局も一般家庭での酒の密造をそれほど厳しく取り締まってはいません。

## 脱税防止のためにタバコは専売制になった

酒と並んで、戦前日本の重要な財源だったものにタバコがあります。

タバコは「税を課す」という形ではなく、国の専売という形で財源に組み込まれていました。つまり、タバコの製造販売は国だけが行い、その儲けを国の歳入にするということです。

ただ、タバコは最初から専売とされていたわけではなく、明治新政府ができた当初は課税という形が採られていました。タバコに課税されたのは、明治9（1876）年のことです。明治新政府は、最初からタバコを重要な財源と見ていたわけです。

当初のタバコ税は、二つに分けられていました。

タバコ販売業者に課せられるタバコ営業税と、タバコ一個一個に課せられるタバコ製造税です。

タバコ営業税は、タバコの卸売業者に年間10円、小売業者に年間5円が課せられていました。

そしてタバコ製造税は、タバコの価格によって5銭未満は1厘というように税額が定められており、だいたい5~10%程度になるよう設定されていました。

**製造タバコ税の税額**

| タバコの定価 | 税額 |
|---|---|
| 5銭未満 | 1厘（税率2.5%以上） |
| 10銭未満 | 5厘（税率5%～10%） |
| 20銭未満 | 1銭（税率5%～10%） |
| 30銭未満 | 2銭（税率6.6%～10%） |
| 40銭未満 | 3銭（税率7.5%～10%） |

タバコの課税の方法は、タバコに印紙を貼るという手法が採られました。印紙が貼ってあるタバコは課税済みであり、もし印紙の貼っていないタバコを売っていたら、それは脱税ということになったのです。

しかし、タバコに印紙を貼るということ自体がそもそも面倒であり、しかも、5銭未満の安いタバコの場合、値段が下がれば下がるほど税率が高くなることになったので、印紙を貼らずに密造するケースが多発していました。

また、印紙を貼ったタバコの紙を再利用することで、税を逃れる脱税も多発していました。

明治9（1876）年から明治15（1882）年までのタバコ税の平均税収は、24万円から25万円にすぎませんでした。しかもそのうち、約20万円がタバコ営業税であり、タバコ製造税は4〜5万円しかなかったのです。

このころの政府の歳入は7千万円前後だったので、タバコ税のシェアは3％程度でした。

当時は日清戦争前であり、日本は軍備拡張に躍起になっていたころです。

明治新政府はタバコ税の税収を上げようとし、税率を一律20％にするなどの改正を行いましたが、相変わらず脱税が横行し、業界の規模に比べて税収は上がりませんでした。

明治29（1896）年、日清戦争で勝利した日本は、ロシアとの敵対関係が鮮明になり、これまで以上の軍備が必要となりました。そのため、政府はタバコ税の抜本的な改革に踏み切りました。葉タバコを専売制にしたのです。当時、フランスなどではタバコの政府専売が行われており、日本もそれを真似しようとしたわけです。

葉タバコの専売制は、タバコの原料である葉タバコをすべて政府が買い入れ、買取価格に86％の専売収入率を加算した金額で、製造業者に売り渡すという手法が採られました。

この手法は、脱税防止に大きな効力を発揮しました。葉タバコを全部買取にしてしまえば、脱税が見つけやすいのです。契約農家以外でタバコの栽培をしている畑があれば、すなわちそれが密栽培ということになるからです。

それまで、葉タバコの生産は自由で、どこの誰がどのくらい生産しているのか、国は把握することができなかったので、脱税タバコに流用されても発見するのは非常に難しかったのです。しかし、葉タバコを全部買い入れにしてしまえば、国はどこの農家がどのくらい栽培しているということを把握できるので、脱税タバコへの流出がかなりの程度防げるようになりました。

もちろん完全に防ぐことはできませんでしたが、市場に堂々と出回っているタバコで脱税することはかなり難しくなったのです。

また、日露戦争の戦費調達のため、日露戦争開戦の年である明治37（1904）年に、タバコの販売も国の専売となりました。つまり、葉タバコの買い上げだけではなく、タバコの製造販売まですべて国が行うということになったのです。

そんなことをすれば、タバコ製造業者やタバコ販売業者から強い反発がありそうなものですが、それほど抵抗もなく、すんなり国の専売化に移行しました。

これは、日露戦争を前にして、国民の間に「国に貢献しなければ」という意識が広がっていたことに加え、タバコ業界が外国との激しい競争にさらされていたという事情もありました。

当時は、イギリスとアメリカのタバコ製造業者が世界中にシェアを広げていた時期であり、特にイギリスとアメリカの合弁で作られたBAT社は、世界のタバコ市場を席巻していました。日本でもタバコの輸入は増大しており、国内のタバコ業者には脅威となっていました。

そんな時期に計画的にタバコを製造販売できるという「専売化」は、国内のタバコ業者にとってはある意味「救済措置」とも言えたのです。国はタバコの専売化により、それまで貿易業者が自由に輸入していたタバコの輸入量を制限し、国内のタバコ産業の保護に努めたからです。

## 戦前の税金は商店街で一括して払っていた

戦前日本は、江戸時代とはまた別の意味で脱税が少ない時代でした。

一般家庭でどぶろくがつくられるなど小さな脱税は多々ありましたが、巨額の資産を隠蔽するなどという「大型脱税」はほとんどありませんでした。

なぜ脱税が少ないかというと、まず直接税の割合が非常に低かったからです。

自分が納めなければならない税金を誤魔化すのが脱税なので、脱税のほとんどは直接税で行われます（間接税での脱税が行われることもありますが、間接税の脱税は構造的に難しいのです）。だから、直接税の割合が低いということは、必然的に脱税も少なくなるのです。

前述したように、戦前の日本は、酒税や砂糖税などの間接税や官業収入（主にタバコ）などが税収の柱でした。所得税などの直接税は、戦争が始まる前まではあまり多くなかったのです。

しかも、戦前の所得税は「賦課課税制度」を採っていました。これは、税金の額を納税者ではなく、税務当局が決めるという方式です。

現在、日本の所得税は、納税者が自分で申告し納税する「申告納税制度」が採られています。

しかし戦前の所得税は、税務当局が「あなたの税金はいくらです」というように通知してきて、納税者はそれを必ず払わなければならなかったのです。

ただ、一方的に決めるといっても、第三者機関で決めるという形を採っていました。「所得調査委員会」という所得税を決める機関が設置され、ここには納税者の代表も入っていました。この納税者の代表は抽選で決められていました。

所得税の決め方の手順としては、まず当人が簡単な所得金高の申告書を出し、それを税務署がチェックした後、所得調査委員会に送られ、そこで課税額が決定することになっていました。

しかし、実態はというと、「○○街の業者は、全部でこれだけ払え」と税務当局から達しがくるのです。これを受けて、街の世話人などが各業者に振り分けて税金を納めさせるというものです。

今の感覚から考えると、かなり乱暴なやり方のように見えます。

しかし、これは江戸時代からの年貢の決め方を踏襲しているのです。江戸時代では、村落ごとに年貢のだいたいの数量が決められ、農民たちはそれを村落全体で負担していました。

前近代的なやり方ではありますが、日本人にとってはそれほど無理のあるものではなかったのです。むしろ、当時は自分で申告して自分で納めろと言われた方が、戸惑う人が多かったと思われます。

また当時は、それなりの収入がある者にしか税金がかかりませんでした。税率は平均すると10％以下となり、かなり安かったことなどから、税金を納めることは一種のステータスでもあったようです（ただし、戦時中になると税率は大幅に引き上げられました）。

昭和初期、所得税納税者はわずか5％にすぎませんでした。しかも所得税納税者の平均所得は、全国平均の3倍以上もあったのです。だから、世話人から課せられた税金を滞納するということはあまりありませんでした。

この制度は、「地域のボス」を生み、民主化を妨げるということで、戦後にＧＨＱにより廃止されました。

## 莫大な富を持っていた戦前の財閥

また、戦前の日本では、会社の税金は非常に安いものでした。

会社にかかる「法人税」は、明治32（１８９９）年まで課せられていませんでした。つまり、日本の法人税は20世紀になって課せられるようになったのです。それまで、日本の会社は、いくら稼いでも利益に税金は課せられていませんでした。

しかも、法人税は格安でした。税率は平時は５％程度であり、戦争が始まって一番高い時期でも20％程度でした。

そのため、戦前の日本は今では考えられないような大金持ちが存在しました。いわゆる財閥です。戦前の日本を語る上で、欠かすことができないのが、「財閥」という存在です。

財閥というのは、特定の一族が巨大な企業集団を形成したものです。

現在のコンツェルンやコングロマリットと違うところは、株式などの公開度合が少なく、「一族経営」という意味合いが強いということです。

## 昭和2年度の長者番付

| | | | |
|---|---|---|---|
| 1 | 岩崎久彌 | 三菱合資社長 | 430万9千円 |
| 2 | 三井八郎右衛門 | 三井合名社長 | 339万2千円 |
| 3 | 三井源右衛門 | 三井合名重役 | 180万5千円 |
| 4 | 三井元之助 | 三井鉱山社長 | 178万3千円 |
| 5 | 三井高精 | 三井銀行等の重役 | 172万9千円 |

（「戦前の日本」武田知弘著　彩図社より）

代表的なものに、三井、三菱、住友、安田などがあります。

終戦時、三井、三菱、住友、安田の4大財閥だけで、全国の企業の資本金総額の49・7％を占めていました。日本経済の資本の半分をたった4つの財閥が持っていたのです。資産額では、それよりもっと高い比率を占めていたとされます。日本経済の過半は、数家族の財閥に握られていたのです。

財閥は、昭和初期になると大変な財力を持つにいたります。

財閥がどれほどの財力を持っていたのか、わかりやすいのが「旧財閥邸」です。

現在、東京には旧財閥家の邸宅が博物館や記念館などになっているケースが多々あります。たとえば、上野公園に隣接する都立庭園の「旧岩崎邸」や、東京都北区にある都立庭園の「旧古河庭園」などです。

上野公園の隣の「旧岩崎邸」は、東京の一等地に1万6千平方メートルにも及ぶ広さを持つ大邸宅です。外国人が設計した西洋風建築物でビリヤード場まであります。訪れたことがある人は、その広さに驚いたはずです。

この大邸宅は、岩崎家が所有していた邸宅のほんの一部にすぎません。しかも、岩崎家の財産の大半は不動産ではなく株券でした。岩崎家の財力がいかに大きかったかということがわかります。

また、昭和2（1927）年度の長者番付では、1位から8位までを三菱、三井の一族で占めていました。岩崎久彌などは430万円もの年収があったのです。大学出の初任給が50円前後、労働者の日給が1～2円のころです。普通の人の1万倍近い収入を得ていたことになります。現在のサラリーマンの平均年収が5百万円前後なので、その1万倍というと5百億円になります。

さらに戦前の財閥の場合、一族皆が高収入なのです。長者番付からもわかるように、財閥の中枢を一族が占め、それぞれが高い収入を得ています。

財閥家の人々は、今の韓流ドラマに出てくる財閥家のように、夢のようなゴージャスな生活を送っていました。

たとえば、三菱の第4代の総帥である岩崎小彌太は、高等師範学校（現筑波大学）の付属小学校から第一高校、東京帝国大学へと進み、ケンブリッジ大学に留学します。ケンブリッジ大学は最近よくある短期留学ではなく、入学から卒業までガッツリ就学しました。

ケンブリッジを卒業して帰国した直後、わずか26歳にして従業員10万人を擁する三菱合資会社の副社長に就任するのです。そして、37歳で社長になるのです。

ちなみに、現代の韓国の財閥は、戦前の日本の財閥を手本にしている部分が多いのです。そのため、戦前の財閥を調べていくと、今の韓国ドラマを見ているような錯覚に陥ることがあります。

当時の国民にとって、彼らの存在が面白いはずがありません。

大正デモクラシーや労働運動でも糾弾の対象とされたし、二・二六事件などの若手将校の過激思想でも、目の敵にされました。

安田財閥の創始者安田善次郎は右翼の活動家に暗殺されていますし、三井財閥の総帥だった団琢磨は昭和7(1932)年、血盟団のテロで暗殺されています。

財閥も世間の風当たりは察知していて、慈善事業を行ったり、役員の報酬を引き下げたりしました。

しかし結局、財閥は終戦まで永らえることになります。

## 持ち株会社の「脱税」スキームとは?

戦前の財閥がなぜこれほど大きかったかというと、税金が大きく関係しています。

戦前の財閥の大きな特徴として「持ち株会社」が挙げられます。

持ち株会社というのは、何か事業をやっているわけではなく、財閥グループ企業の株を持っているだけの会社です。

戦前の財閥は、たくさんの企業体を管理コントロールするために、企業体の頂点にこの持ち株会社をつくっていました。財閥グループの議決権分以上の株を所有し、グループ全体を指揮下に置いたのです。これにより、持ち株会社は財閥グループ内の事業や投資などの総合的な策定をする、いわば「最高司令部」のような存在となりました。

そもそも持ち株会社は、節税策としてつくられたものでした。

戦前は、長い間、法人税が設けられておらず、会社も個人事業者と同様に所得税が課せられていたのです。そして、会社に所得税が課せられた場合、会社の役員や従業員の所得税は課せられませんでした。「会社が税金を払っているんだから、役員や社員は税金を払わなくていい」という考え方だったのです。

しかし、明治38（１９０５）年に税法が改正され、会社には法人税が課せられるようになりました。これによって現代と同じように、会社には法人税が、役員や社員には所得税が課せられるようになったのです。

ただ、この税法改正では、株の配当金には税金は課せられていませんでした。また、法人税も当初は2・5％と非常に安いものでした。

そのため、財閥の会社は役員に高い報酬を払って所得税を取られるより、会社の利益を出して株の配当を出した方が有利になったのです。法人税は2・5％しかかからないので、ほとんど無税で莫大な利益を手にすることができたのです。

そして、財閥は事業を分社化し、中心に「持ち株会社」をつくりました。この持ち株会社にグループ全体の利益を集中させ、莫大な配当金を出したのです。

そのうち、持ち株会社が財閥グループ全体を指揮したり、資産を管理する機関として機能するようになったのです。

持ち株会社の株は非公開になっていました。一方、ほかのグループ企業の株は公開されていました。市井の投資家たちは財閥のグループ企業の株を買うことができるので、それによって財閥は資金を調達します。

しかし、財閥の中心部分である「持ち株会社の株」は、ほかの投資家は買うことはできません。だから、経営権は財閥グループから絶対に外には出ないのです。つまり、財閥グループ企業全体に一般の投資家から資金を流入させることはありますが、企業の経営権は一般の投資家には渡さない、ということです。そのため、財閥は日本経済全体を支配していたにもかかわらず、その経営の中心部分は一族のみによって動かされていたのです。

また、戦前の財閥は、政治家と強い癒着がありました。

財閥は明治政府の保護を受けることによって成長しましたが、帝国議会が開設され、日本社会にある程度、民主制度が採り入れられた後も、政府との癒着は続きました。むしろ、民主制度が採り入れられた後の方が、財閥と政府の癒着は強くなりました。

民主選挙を行う場合、多額の選挙資金がかかるため、政治家や各政党は多くの政治資金を必要とするようになったのです。その結果、政治家が財閥に資金提供を受けることが多くなり、政党と財閥の結びつきは強くなったのです。

昭和初期には、立憲政友会と立憲民生党という二大政党がありましたが、立憲政友会には三井財閥が、立憲民政党には三菱がスポンサーのようになっていました。さらに、安田、古河、住友などの財閥もそれぞれ政党に資金を提供していたのです。

また、財閥と政界による閨閥も形成されていて、たとえば大正末期に首相になった加藤高明は、三菱の岩崎家の娘婿なのです。

このような癒着があったため、財閥は巨額な収益を得ながら大した税金も払わず、莫大な富を蓄えることができたのです。

## 自転車税の組織ぐるみの脱税

これはちょっとユニークな税の話です。

年配の方は知っているかもしれませんが、以前は自転車にも税金が課せられていました。

自転車税は、現在の自動車税などと同様に、自転車を所有するものに年額いくらというように課税されていたのです。

明治13（1880）年、それまで地域によってバラバラの取り扱いだったのが、正式に自転車に課税されることになりました。そして、この自転車税は昭和33（1958）年まで存続したのです。

明治時代、自転車を持つ人は少なく、自転車を持つことはステータスシンボルでもありました。明治25（1892）年の税額は、国税が3円、地方の付加税もほぼ同額を課税されました。

明治29（1896）年には国税が廃止され、地方税となりましたが、税負担は変わりませんでした。大正8（1919）年には、3円以上の納税者に選挙権が与えられたので、自転車を所有し、自転車税を払っている人は選挙権がもらえたのです。

大正時代中盤から昭和に入ると自転車の普及が広まり、課税者も増えました。税額も徐々に上げられ、もっとも高い地方では10円にもなりました。一流企業の初任給が70円程度の時代の10円なので、相当、税負担は大きかったといえます。それとともに、廃税運動も起きるようになりました。

しかし、戦争の足音が聞こえてきだした時代であり、財政不足のために、廃止にはいたりませんでした。自転車税は、地方自治体の収入の大きな部分を占めていたからです。

また、そのころから自転車税の脱税も目立つようになりました。

自転車税は、所有者が自分で役所に届けるものでした。自転車には、鑑札（現在の自動車でいうところのナンバーのようなもの）をつけるのを義務付けられていましたが、税金を払っていないからといって、特に自転車に乗れなくなるというようなことはありませんでした。そのため、申告・納付をしない者が、自転車の普及とともに増大したのです。

このときの脱税取締の記録では、会社などの組織ぐるみで脱税をしているケースが多かったそうです。社員の移動の手段として自転車を保有している会社がけっこうありましたが、届出をせずに鑑札をつけていなかったというわけです。

## 税率300％の芸者税とは？

これは戦争中の話です。

戦争当時は、軍費がいくらあっても足りませんでした。そのため、国はなりふり構わぬ税収増に励みます。

その最たるものが「遊興飲食税」です。

遊興飲食税というのは、芸者さんなどを呼んで飲食するときにかかる税金のことです。

遊興飲食税は、戦争前は各地方が独自に課している「地方税」でした。最初にこの遊興飲食税を課したのは、大正8（1919）年に導入した金沢市です。その後、多くの府県が取り入れました。

昭和14（1939）年に、遊興飲食税を国が地方から分捕る形で国税に導入したのです。

昭和14年というのは、日中戦争が長引き、英米との関係も険悪化していた時期です。社会も戦時色が濃くなってきており「贅沢は敵だ」という風潮となっていました。この時期に、お座敷で芸者を呼んで遊ぶなど不謹慎という声も多く、国としても税金を取るのに大義名分が立ったのです。

当初、遊興飲食税は、一人1回5円以上の遊興飲食が対象となっていました。税率は芸妓の花代の20％、飲食代やその他の花代は10％でした。

しかし、すぐに免税点が引き下げられます。

昭和15（1940）年には一人1回3円以上が課税対象となり、昭和16（1941）年にはさらに1円50銭以上が対象となりました。ちょっとした飲食をすれば、課税されることになったのです。

また、税率は急激に上げられます。当初の芸妓の花代20％でもかなり高い税金だと言えますが、昭和15（1940）年には30％に引き上げられます。そして昭和16（1941）年には100％にまで引き上げられ、昭和18（1943）年には200％、昭和19（1944）年には300％に跳ね上がったのです。

300％というと、1万円で飲食をした場合、3万円の税金が課せられるので、合計4万円払わなければならないのです。

ただ、300％の税率には、罰金的な意味合いがあったと見られています。

当時は、戦争一色の時代であり、「贅沢は敵だ」という風潮が蔓延しており、高級料亭、芸妓、カフェ、バーなどは休業を余儀なくされていました。だから芸妓の多くは休業中だったのです。

しかし、これだけの高い税金が課せられても、まだ芸者遊びをする人もいたようです。戦争中は戦争で儲かった人もかなりおり、すでに物資の統制が始まり、自由にものを買えなかったのでお金の使いようがなく、お金が余っている人もいたのです。

昭和18（1943）年の国の租税収入は約85億円だったのですが、そのうち遊興飲食税は7億5千万円もありました。つまり租税収入の約9％を遊興飲食税が担っていたのです。罰金というより税収の柱の一つになっていたと言えます。

この「芸者税」とも言える遊興飲食税は、脱税する者もけっこういたようです。

表向きは休業したり、業種替えをしたように見せかけて、陰でなじみの客だけを相手に営業していた料亭や茶屋などがかなりあったのです。当局もそれに気づいて、たびたび警告などをしていますが、知っている客だけを相手にこっそり営業しているので、なかなか摘発できなかったようです。

## 理髪店の考えた苦肉の逃税策

昭和になり、戦争が始まると、新しい税金が次々に登場してきました。

その一つに散髪やパーマなどに課せられた税があります。

これは特別行為税というもので、散髪、パーマなどのほか、写真の現像、服の仕立て、書画の表装、印刷製本なども課税対象になりました。

当初、税率は印刷製本が20％、そのほかが30％でした。

ただ、散髪などには免税点が設定されており、1円未満は課税されていませんでした。

当時の散髪料金は、１円未満だったので散髪で課税されることはあまりなく、パーマなどが対象になっていました。戦時中は「贅沢は敵だ」という標語のもと、国民に質素倹約を強いていました。パーマはその格好のやり玉にあげられたのです。

パーマにだけ課税されるうちはまだよかったのですが、戦局が悪化するうちに、これまた免税点が引き下げられることになり、料金80銭以上が課税対象となりました。さらに、税率も30％〜50％に引き上げられました。

このため、散髪も課税対象になるケースも出てきました。これに対抗して、理髪店は、それまで顔そりや洗髪などをセットで行ってきたものを全部一つずつの料金設定にして、80銭未満に収まるような工夫をしました。

特別行為税は昭和19（１９４４）年には１億１千万円の税収となりました。遊興飲食税ほどではありませんが、それなりに重要な財源となっていたのです。

## 愛犬家たちの身につまされる脱税

戦時中、非常に悲しい税もありました。

犬を飼っている人に非常に過酷な税金が課せられました。飼い犬を軍需物資として強制供出させられたのです。

日中戦争が泥沼化した昭和15（１９４０）年ごろから、犬猫の供出運動が始まりました。当初は自発的に供出するものでしたが、昭和19（１９４４）年１２月、軍需省は全国の飼い犬の強制供出を決定しました。毛皮は飛行服をつくるために、肉は食用にするためでした。

空襲を受けたときに、飼い犬が野犬化するのを防止するという目的もありました。供出された犬は、大きい犬は3円、小さい犬は1円の買取金が支払われました。

ただ、この飼い犬の強制供出は、地域ごとに割り当てが決められていたので、地域によってはほぼ強制的に供出させられたところもあった反面、それほど強制はされなかった地域もあったようです。

また、飼い主の中には、犬を隠すなどしてなんとか供出を免れた人もかなりいたようです。

今でも日本にたくさんの日本固有種の犬が存在するのは、当時の愛犬家のおかげだとも言えるでしょう。

# 第7章

# 戦後のドサクサ脱税

## ＧＨＱが財閥に課した財産税とは？

前章で述べたように、戦前は財閥が日本経済を支配し、彼らは王侯貴族のような生活をしていました。しかし、財閥は敗戦とともに大打撃をくらうことになります。

戦後のＧＨＱの占領政策において、大きな柱の一つとされたのが「財閥解体」でした。多くの財閥系企業が軍需生産を行っており、戦争に協力的だったこと、財閥への富の集中が国民の不満を招き、それが戦争へと向かったことなどから、財閥は「重要戦犯」とされたのです。

ＧＨＱは日本に来て早々に財閥解体に手をつけました。

昭和20（１９４５）年11月、まず三井、三菱、安田、住友の四大財閥の本社と役員その家族などの資産を凍結します。そして土地、建物、現金、預金、有価証券などあらゆる財産の処分を禁止しました。彼らは生活費を引き出すのも、政府の許可が必要だったのです。

そして、四大財閥を含む14財閥の家族の資産状況を調査しました。

14財閥とは、三井、三菱（岩崎）、住友、安田、川崎、浅野、中島、渋沢、古河、大倉、野村、野口、鮎川、大河内です。

14財閥の合計資産は、約16億円でした。現在の貨幣価値にすれば、10兆円近くになると見られます。

また、財閥の財産というと、都立庭園の「旧岩崎邸」や同じく都立庭園の「旧古河庭園」などの大邸宅が有名ですが、不動産は財閥の財産の10分の1以下にすぎませんでした。彼らの資産の中心は株券であり、16億円の資産のうち、13億円が有価証券でした。つまり、有名な大邸宅の数々よりも、はるかに巨額の株券を所有していたのです。

もちろん、株券の大半は自家のグループ企業の株です。

財閥家が持っている財閥グループの株は、強制的に社会に吐き出させられました。財閥家の所有している巨額の株を強制的に株式市場で売却させたのです。いきなり没収するということは法律的にも道義的にも難しいので、とりあえずは供出させて「売却」という形を採ったのです。

ただ、売却しても、代金は財閥家には入りませんでした。

財閥家が株を売却して得たお金は、財産税によってほとんどが徴収されたのです。財産税というのは、昭和21（1946）年に臨時的に課せられた税金です。この財産税は、一定の資産を持つ人に課せられたもので、最高税率は90％にもなりました。

財閥のほとんどはこの最高税率の90％が課せられました。

このため、財閥家の資産の大半は、財産税によって失われることになったのです。

また、財閥家の者たちは財閥グループが解体された後も、かつての支配企業の役員に就任することが事実上、禁止されました。


そして、ＧＨＱは財閥の司令塔と言える「持ち株会社」を禁止しました。持ち株会社は、戦後は財閥の弊害の象徴とされたのです。そのため、戦後は財閥が解体されるとともに、持ち株会社も独占禁止法によって禁じられたのです。

ちなみに、このＧＨＱによる持ち株会社禁止は、ＧＨＱの占領が終了してからも継続されていましたが、平成９（１９９７）年に解禁されました。最近の日本の持ち株会社は、「○○ホールディングス」という名称になることが多いです。

## 戦後の金持ちの「財産税逃れ」とは？

前項で説明したように、財閥は「財産税」によって大打撃を受けました。この財産税は、財閥だけじゃなく、当時の多くの金持ちにとって多大な負担となりました。

財産税というのは、昭和21（１９４６）年に臨時で一度きりに課税された税金で、所有する財産に対してかけられました。

この財産税の対象となるのは、日本国内に所有している金融資産、不動産、骨とう品など「金目のものはすべて」でした。ただし、朝鮮半島や台湾など、日本がポツダム宣言受諾によって手放した地域の資産は含まれません。

財産税は、最高税率が90％という超高率な税金でした。最高税率が課せられるのは、資産1500万円超の大資産家に限られましたが、当然のことながら大資産家は大きな打撃を受けます。

ざっくり言えば、資産1500万円を持っている者は、自分の財産の9割が持っていかれるのです。この当時の物価は、だいたい現在の100分の1とされるので、資産1500万円というのは、現在の貨幣価値にすれば150億円程度ということになるでしょう。

現代で言えば、ZOZOタウンの前澤元社長やソフトバンクの孫正義会長などの資産を90％徴収するというようなことです。

当時1500万円のような大資産を持っていたのは、財閥家や東京に広大な土地を持つ皇族や華族などに限られました。だから、財閥家や華族の財産はこのときに没収されることになったのです。

上野公園の隣にある都立庭園の「旧岩崎邸」や、東京都北区にある都立庭園の「旧古河庭園」なども、この財産税の課税時に没収され、公有地にされました。

財閥や華族だけじゃなく、ちょっとした資産家もパニックになりました。１００万円以上の資産には70％の高税率が課せられたからです。１００万円というと、今の貨幣価値にしてだいたい1億円程度なので、町中にちょっと不動産を持っているような人も対象になりました。資産の大半を徴収されてしまうのだから、みな必死になったのです。

財産税は、昭和21（１９４６）年の3月3日時点での所有財産が課税の基準となっていました。この財産税の草案が発表されたのが昭和21（１９４６）年の1月10日のことです。また、それ以前から財産税の噂は市中に流れていました。

**財産税の税率**

| 財産 | 税率 |
|---|---|
| 10 万円超～ 11 万円以下 | 25% |
| 12 万円超～ 13 万円以下 | 30% |
| 13 万円超～ 15 万円以下 | 35% |
| 15 万円超～ 17 万円以下 | 40% |
| 17 万円超～ 20 万円以下 | 45% |
| 20 万円超～ 30 万円以下 | 55% |
| 30 万円超～ 50 万円以下 | 60% |
| 50 万円超～ 100 万円以下 | 65% |
| 100 万円超～ 150 万円以下 | 70% |
| 150 万円超～ 300 万円以下 | 75% |
| 300 万円超～ 500 万円以下 | 80% |
| 500 万円超～ 1,500 万円以下 | 85% |
| 1,500 万円超 | 90% |

（『昭和財政史』大蔵省財政史室編、東洋経済新報社）

そのため、この時期には急いで資産を売り払うものが多かったのです。現金ならば隠しようがありますが、不動産や預貯金は隠しようがありません（預貯金は当時、凍結されていました）。そのため、不動産を売り払おうと動いたのです。

この時期、貸家の家主が借家人に対して、借家を購入しないかと持ち掛けるケースが相次ぎました。家主としては、半分以上が税金で取られるくらいなら、少しでも高い値段で誰かに売っておいた方がいいということだったのです。そのため、この時期には安い値段で家を手に入れた人も多かったのです。

## マルサの起源は密造酒摘発だった

現在、国税庁や税務署というと、「マルサ」をイメージする人も多いでしょう。映画やテレビなどですっかり有名になった「マルサ」。マルサは脱税の容疑がある納税者に対して、裁判所の許可を取って強制的に調査をする部門です。

一般にはあまり知られていませんが、税務調査には、任意調査と強制調査があります。任意調査というのは、納税者の同意を得て行われるものです。そして、実は国税庁、税務署が行う税務調査の90％以上はこの任意調査なのです。

一方、強制調査というのは、裁判所から強制調査許可状を得て行われる調査で、納税者の同意は必要ありません。事前にある程度の脱税の情報があがっている納税者に対して、脱税の全貌を暴くために、裁判所が強制調査のゴーサインを出すわけです。強制調査の場合は一切が了解なしに行われ、時にはドアをぶち破られたり、天井や床下を調べられたりもします。

この強制調査を担当するのが、マルサです。マルサは、昨今では脱税摘発のシンボルともなっていますが、発足したのは昭和23（1948）年のことです。

なぜマルサがつくられたのでしょうか？

当時、日本は終戦直後の激しいインフレと税収不足に悩んでいました。インフレの大きな要因は、闇業者でした。そのため、発足当初のマルサの主な対象は、闇業者だったのです。マルサは脱税を摘発して税収を上げることとともに、闇業者の摘発も兼ねた存在だったと言えます。

そして、闇業者とともに、マルサがターゲットとしていたのは密造酒でした。

前述したように、戦前の日本では酒税は、国税収入の1位か2位を占める重要な税目でした。そして、終戦直後というのは、酒の値段が非常に高かったのです。そのため、酒税を納めずに酒をつくる「密造酒」が激増していました。

農村では村ぐるみで酒の密造をしているところもあり、毎日、見張り番を置いて税務署の摘発に備えていました。そして、摘発に赴いた税務署員を殺してしまう、という事件も起きていました。まるで、現在のアジアの麻薬密造地域のような状態だったのです。

それに対処するために、「査察」という強力なチームがつくられたのです。当時のマルサは情報収集能力が不十分であり、脱税情報の大きな部分を「タレこみ」に頼っていました。当時は、貧富の差が激しく、やっかみによるタレこみ情報も多かったのです。

また、労働条件も悪かったことから、元従業員などによるタレこみも多くありました。それらの情報を使うことが、当時のマルサにとっての武器だったのです。

しかも「第三者通報制度」というタレこみに対する報奨金までありました。第三者通報制度というのは、「この人は脱税しています」と税務署に通報し、その情報により実際に脱税が発覚すれば、報奨金が出るのです。

しかし、その後、戦後の混乱が収束するとともに、世の中全体が「民主化」の雰囲気に向かいました。それとともに、昭和29年に「第三者通報制度」は廃止されました。

国税当局やマルサは「タレこみ」による情報を中心にではなく、民主的な情報収集を地道に行うことが要求されるようになったのです。

マルサのターゲットは、この頃から闇取引者ではなく、正規の経済活動における脱税に向かうようになったのです。

## 戦後、脱税が激増した理由

昭和22（1947）年、日本の税制は申告納税制度を取り入れました。これはGHQの勧めで行われたもので、自分の税金は自分で申告して納税する、という制度になったのです。それまでのように、税務当局が税金を決定し徴収するのではなく、各個人が能動的に税金を納めることになったのです。

戦前に脱税が少なかったのは、税金の額が納税者が申告して決まるのではなく、税務当局があらかじめ調査して決定する「賦課課税制度」だったからです。

しかし、申告納税制度が採用されて自分で申告していいとなると、少な目に申告する人も出てきます。

そのため、戦後は脱税が激増しました。申告納税制度初年度の申告額は、税務当局が予想していた額の1割程度しかなかったそうです。

税金を自分で決められるといっても、その計算は法に従って行わなければなりません。不当に少なく出された申告書は、税務当局から修正されることになります。税務当局は、「税務調査をする権利」「申告内容に明らかな誤りがあるときには、更正（税金の決定）する権利」を持つようになっていたのです。

申告納税制度がはじめられたころは、申告を認めない「更正」が非常に多く行われました。この当時、脱税は当たり前の行為だったのです。

またこの頃は、税務当局と納税者の関係は非常に悪くなっていました。

国税当局は税収の目標額を決め、その金額に達するように税金の取り立てを行いました。これは「目標額制度」と呼ばれました。戦前に商店街に一括して納税額を決めていた名残があったのです。

「目標額制度」は、納税者の強い反発を招くことになりました。税務署側は目標額達成のためになりふり構わず徴税し、払う金のない納税者の家から畳をはぐって持ち出すようなこともありました。

納税者側も乱暴でした。戦後の人心が荒れている時代でもあり、税務調査への妨害、税務署員に対する脅迫や、税務署長宅への火炎瓶の投げこみなども行われたのです。

昭和24（1949）年に、アメリカの経済学者のカール・S・シャウプが来日し、「日本税制報告書」を発表しました。これはシャウプ勧告と言われるもので、戦後の日本の税制を形作るものになりました。

シャウプ勧告では、「目標額制度」は廃止されました。納税はあくまで納税者の申告に基づいたものにすべし、ということです。当たり前と言えば、当たり前の考え方です。

そして、シャウプは個人の所得税は「累進課税による申告納税制度にすべし」という提言を行いました。累進課税というのは、所得が大きくなどほど税率を高くするという制度です。戦前にも累進課税制度は採られていましたが、シャウプ勧告では、より厳格な制度を求めたのです。

さらに、昭和24（1949）年、シャウプ勧告の趣旨を汲んで「青色《あおいろ》申告」という制度がつくられました。

青色申告というのは、「きちんと帳簿をつける見返りとして、若干の税金割引をします」という制度です。一定の要件を満たした納税者が、自分で「青色申告を選択します」という届出を出して、税務署からそれが認められた場合に可能となる申告方法です。申告書が青いので、青色申告という名称になっているのです。

一方、青色申告ではない申告のことは白色《しろいろ》申告と呼ばれます。本当は白色申告という呼び名はないのですが、申告書が白なのでそう呼ばれています。

この青色申告の制度、よく考えればおかしな話だと思いませんか？

シャウプ勧告では、申告納税制度を採ったのですから、事業者は自分できちんと帳簿をつけて申告するのは当然のことです。なのに、当然のことをすれば恩恵を受けられるということになっているのです。

ここには日本社会の会計事情が大きく関係しているのです。

日本の事業者のほとんどは中小の零細企業です。彼らは、税務申告のための記帳が、ほとんどできなかったのです。そのため、申告納税制度を取り入れても、まともな申告はほとんどありませんでした。

税務当局も、「さすがに、このままではまずい」と考えました。全国の事業者が経理をきっちり行い、自分で申告を行えるようにするにはどうすればいいかを検討し、その結果、青色申告制度が導入されたのです。

今でも、日本の事業者がきちんと帳簿をつけているわけではありません。確定申告の時期になると、税務署では「税務相談所」を設置して申告の相談を行っています。そして決算書や申告書の作成を税務署員が手助けしています。

これも本来、税務署がするべきではないのです。納税者は、せっかく自分で申告して納税する権利を持っているのですから、わざわざ税務当局に委ねることはないはずなのです。自分で申告・納税することは、権利であると同時に義務でもありますので、税務署側もそれを手伝う必要はないのです。

しかし、税務署は戦後から現在まで、ずっとこの申告相談を続けています。もしこの申告相談をやめてしまえば、申告しなくなる個人事業者がたくさん出ると見られているからなのです。

## 田中角栄が駆使した会計力

田中角栄というと、闇将軍、金権政治といった言葉を思い浮かべる人が多いでしょう。しかし、田中角栄は、実は会計の達人だったのです。

田中角栄は裸一貫で身を起こし、日本の総理大臣にまで上り詰めました。おそらく巨額の政治資金が必要だったでしょう。

当たり前にやっていたのでは、大きなお金はつくれません。前後の日本では、お金をたくさん稼いでも、たくさんの税金を取られてしまうためです。田中角栄は、脱税の一歩手前か、脱税に半歩踏み込んだような巧妙な節税策を使って、政治資金をつくっていたのです。

彼は日本の会計や税法を熟知していました。

政治家は、表にできない「危ない金」を扱うことが必ずと言っていいほどあります。

田中角栄は、「危ない金」の取り扱いについて常に一つの哲学を貫いてきました。

「あぶない金は現金で受け取り、現金で保管する」

ということです。

これは徴税システムの欠陥をとてもうまくついているものです。

収入には税金がかかります。でも、収入を税務当局に把握されなければ、税金はかかってきません。

「日本は申告納税制度の国なんだから、税務当局から把握されようがされまいが、きちんと税金は納めるべきじゃないか」

と思う人もいるでしょう。

もちろん建前はそうです。でも現実は、建前通りにはいかないのです。

現金で収入が入り、かつ領収書の発行をしない業種は、税務署から収入が把握されにくいのです。たとえばパチンコ店や飲食店など、そういった業種では、脱税が非常に多いのです。これは今に始まったことではありません。日本が申告納税制度を取り入れた戦後まもなくから、ずっと続いている傾向です。サラリーマンが税金から逃れようがないのは、サラリーマンの税金は税務当局にほぼ完全に把握されているからなのです。

税務当局にわからないようにして金を手に入れられれば税金はかかってこない、税金というのは今でもそういう原始的な仕組みになっているのです。

小切手や銀行振込でお金を受け取れば、金融機関に記録が残ります。税務当局がそれを発見すれば、簡単に課税されてしまいます。

しかし、誰も見ていないところで現金をもらい、誰も知らないところに隠してしまえば、税務当局は課税のしようがありません。税務当局が隠し場所を見つけるまでは、税金はからないのです。

田中角栄はロッキード事件では、5億円ものお金を現金で受け取ったそうです（角栄自身は最後までこれを否認していますが）。5億円のお金を現金で受け取るのは、簡単なことではありません。渡す方ももらう方も、相当な工夫と苦労をしなければなりません。それができたために、田中角栄は我が身を救ってきたのです。

たとえば金丸信元代議士は、裏献金を割引債で持っていました。それが晩年になって、国税当局に見つかり、脱税で逮捕されることになりました。

また、自民党の橋本派は日本歯科医師会からの裏献金を小切手で受け取っていたために、政治資金規正法違反に問われました。その結果、橋本派は没落しました。

田中角栄は、5億円の賄賂を現金でもらっていたので、脱税として起訴はされませんでした（単なる課税漏れでの処理）。

脱税というのは、誤魔化して得た収入を自分の財産にしたときに初めて確定します。田中角栄の場合は、収入を誤魔化していることはわかっても、それを自分の財産にしたかどうかは、わかりませんでした。

「もらった金がどこにいったかわからない」状態では、脱税での立件は無理だったのです。

## 田中角栄の幽霊会社を使った「脱」税

脱税摘発のニュースで、時々「幽霊会社」や「ペーパーカンパニー」という言葉が出てきます。

「幽霊会社」といっても、もちろん幽霊が経営している会社ではありません。実体のない会社ということです。

こういう会社は脱税によく使われます。

「幽霊会社」や「ペーパーカンパニー」を脱税に使う手法の走りは、実は田中角栄でした。しかし、田中角栄は脱税で摘発はされていません。幽霊会社を使って、見事に税金を逃れることに成功しているのです。

幽霊会社を使った「脱」税方法というのは、大まかに言えば次のようなものです。

大きな利益を上げたA社という会社があったとします。A社はこのままでは、莫大な税金を払う羽目になります。そこで、登記上だけ存在するB社（幽霊会社）をどこからか持ってきて、A社の利益をB社に移転させます。

B社には帳簿上赤字が残っています。そのため、B社は利益を移転されても税金はかかりません。これで、A社もB社も税金を払わなくて済む、これが幽霊会社を使った「脱税の構図です。

もちろん、本当はA社の利益なのにB社の利益に見せかけるのですから、不自然が生じます。B社には実体がないのにB社が利益を上げるのはおかしいし、国税当局も馬鹿ではないので見過ごしたりしません。だから、幽霊会社を使った脱税は簡単にばれるのです。

でも、田中角栄は、そうではありませんでした。

昭和54（1979）年春のことです。田中角栄は、ファミリー企業をたくさん持っていて不動産業などを大々的にやっておりました。ファミリー企業の一つに、遊園地の経営などをしている「新潟遊園」というのがありました。

この新潟遊園が所有地の一部を宅地化する計画を打ち出したのですが、それを知った新潟市役所は、その土地を買収して市立公園にするように決めました。

昭和56（1981）年に新潟市役所から新潟遊園に9億円が支払われました。でも、このときの新潟遊園は、元の新潟遊園ではありませんでした。東京ニューハウスという会社に合併されていたのです。

東京ニューハウスは、新潟遊園を合併した後に新潟遊園に社名変更をしていたのです。同じ新潟遊園という社名ながら、会社は違うものになっていたのです。

新潟市役所はそれを知らずに、前のままの新潟遊園だと思って、そのまま土地の代金を渡しました。新しい新潟遊園には4億円の赤字が残っており、土地の売却で得た利益はその赤字で丸々消えてしまいました。

古い新潟遊園には赤字などなかったために、本来であれば数億円の税金がかかっていたはずです。

しかし、田中角栄は、登記の操作だけで税金をゼロにしてしまったのです。

また、田中角栄自身は会計や税金に詳しかったのですが、さらに優秀なブレーン税理士たちも抱えていました。

その優秀なブレーンたちは、田中角栄の死後も目覚しい働きをしました。

田中角栄が死んだとき、相続税対策はほぼ完璧になされていました。

田中角栄の死亡時、莫大な遺産のほとんどは、田中角栄ファミリー企業の株という形で残されました。田中角栄の代名詞とも言える「目白御殿」や別荘なども、ほとんどが田中角栄が直接所有しているのではなく、田中角栄の会社が所有していることになっていたのです。これは、相続税対策として大きなポイントです。

相続税というのは、「残された遺産×税率」で算出されるものです。

遺産は、すべて時価で評価されるというわけではありません。

遺産が現金や預金だった場合は、その額がそのまま遺産額となります。でも、土地や建物、自社株などだった場合は、時価よりもかなり低い価額になるのです。

田中角栄の資産は、400億円以上あるとされていました。田中角栄のファミリー企業が、所有している土地の評価額だけでも、それだけの資産価値があったのです。

しかし、田中家の遺族が納めた相続税は65億円です。

当時、相続税の税率は70％だったので、普通に考えれば、400億円の相続財産には300億円程度の相続税がかかります。それを田中家は65億円に押さえ込んだのです。

## コクドの決算書の謎

日本の高度成長やバブルを象徴する企業として、西武グループがあります。

西武グループは、大正時代の箱根の不動産開発が始まりです。その後、西東京地区や多摩方面を住宅地として開発したり、別荘地として軽井沢を開発したり、西武鉄道の前身である武蔵野鉄道を買収するなどして、大企業グループに発展しました。

高度成長期からバブル期にかけては日本全国の土地を開発しました。

西武グループの総帥だった堤義明氏は、アメリカ・フォーブス誌の世界長者番付で6回も1位になるなど世界的な大富豪でした。

この西武グループは、ちょっと特異な企業形態を持っていました。

グループ企業である西武鉄道などは上場しているのですが、グループの中核企業である「コクド」は非上場企業でした。戦前の財閥の持ち株会社のような仕組みです。持ち株会社と違うところは、「コクド」は実業もちゃんと行っていたことです。戦前の財閥の持ち株会社は、グループ内の各企業の株を管理所有しているだけで事業をしていませんでしたが、コクドは不動産事業を行いつつ、西武グループ各社の株を持っていたのです。だから、戦後に持ち株会社が禁止されても存在できたのです。

また、コクドは西武グループ各社の株を所有していたものの、その所有割合は巧妙に操作されていました。だから、西武鉄道などは上場基準をクリアして、株式が公開されていたのです。

コクドが非上場企業ということは、決算書を公表しなくていいということになります。そのため、この世界的な企業グループである西武グループの会計状況については、事実上、闇に包まれていたのです。つまり、西武グループは株式市場から多額の資金を調達していながら、その中核企業のコクドの経営状況は門外不出になっていたのです。

しかも、コクドの決算書には、非常に巧妙な仕掛けが施されていました。非常に儲かっているはずなのに、ほとんど納税額が出ない、つまり利益を出さないのです。会計関係者の間では、伝説的とも言えるほどコクドは税金を払わない会社として有名でした。

コクドの最盛期、堤義明氏は、インタビューで「なぜコクドは税金を払っていないのか？」と聞かれたことがあります。堤氏は「税金を払っていないのは、利益が出ていないだけ。やりたい事業が山ほどあって目いっぱい仕事を広げているので税金を納める余裕が無い」と答えていました。

しかし、この答えにはかなり無理があります。会計ルールでは、事業に投資したお金は一括で経費となるわけではありません。土地の場合は、費用ではなく資産に計上しなければならないし、建物を建てた場合は、耐用年数に応じて費用化していくことになります。

たとえば、１００億円の利益が出たとき、１００億円で土地と建物を買っても、差し引きゼロには絶対にならないのです。せいぜい20～30億円しか経費にはできません。だから、70～80億円が利益として残ります。その利益には当然、税金が課せられるはずなのです。

だから、コクドが儲けた金を片っ端から投資につぎ込んだとしても、税金は発生していたはずなのです。

なのに、なぜコクドは税金を払わずに済んだのでしょうか？

コクドは非上場企業だったので、決算書が表に出ることがありませんでしたが、筆者はある研究者から決算書を見せていただいたことがあります。

コクドの決算書を見ると、非常に面白いことがわかりました。コクドは営業利益が多い年には、支払利子が大きくなってその利益を相殺するようになっていたのです。

コクドというのは、不動産投資を業としているので、多額の借り入れがあります。この借入金に面白い変化があったのです。

借入金には、長期借入金と短期借入金があります。

コクドの借入金の総額はあまり大きくは変化しないのですが、長期借入金と短期借入金の額は毎年大きく変動するのです。これを見ると、ある仮説が立てられます。

コクドは、収益が上がった年には、短期借入金を長期借入金に移し替えていたのではないか、ということです。短期借入金よりも、長期借入金の方が利子は高くなります。つまり、短期借入金と長期借入金の額を調整することにより、支払利子の額を増減させ、利益を帳消しにしていたのではないか、ということです。

おそらくコクドは銀行と示し合わせて、長期借入金と短期借入金の額を調整していたものと考えられます。

コクドは、土地を担保にして銀行から多額の借り入れをしてきました。当然、銀行にとっては超お得意様です。だから、銀行に対して多少の無理は利いたはずです。

「借入金を長期にするか短期にするか」や「支払利息の額」などは、企業と銀行との間で決められることなので、増減しても別に違法ではありません。

ただ、「普通の会計処理」をしていたわけではないことは確かです。というより、普通ではあり得ない方法を使って利益を自由自在に操っていたのです。

また、堤義明氏は政界ともつながりがありましたので、国税庁の方もこの点について深く追及はできなかったのです。

しかし、この西武王国は2006年にあっけなく崩壊します。

堤義明会長が有価証券取引法違反で逮捕されたのです。

コクドは、西武鉄道の株式の保有割合を実際よりも22％少なく申告していたのです。株式の上場の条件として、「株主の上位10位以内での株保有割合が80％以下」というものがあります。コクドが事実通りに申告していれば、この条件を満たせなくなるために、株主の名義を偽装するなどして、保有割合が少なくなるような工作をしていたのです。

総帥である堤義明氏の逮捕により、コクドは解散し、西武グループは解体されました。

現在もプリンスホテルや西武鉄道、西武百貨店は残っていますが、堤家の一元支配は解消されています。

# 第8章

# 巧妙化する現代の脱税

## 海外を使った税金逃れが激増

現代になると、脱税（逃税）の手法は、非常に巧妙化・多様化するようになります。昨今では、特に海外を使った例が多くなっています。

まず単純に海外に住んで税金を逃れるという方法があります。住所地が海外にある人は、日本で生じた所得にしか所得税は課せられないからです。

海外に居住している人への日本の所得税は次のようになっています。

・日本から収入がある人↓日本からの収入にのみ所得税がかかる
・日本からの収入がない人↓日本の所得税はかからない

もちろん、海外の居住先の税法に従わなければならないので、居住先の所得税を払うケースもあります。でも、居住先の所得税の方が安ければ、その差額分だけ税金が安くなります。だから、一定期間だけ海外に居住して節税したりというケースもあります。

これらのケースは合法的な節税ですが、法に反した脱税でも海外を利用するケースが増えています。住民票だけ海外に移したり、海外の会社と取引をしたふりをして架空の経費を計上したり、海外への売上を除外したりするのです。

また近年では、税金がほとんどかからない「タックスヘイブン」と呼ばれる国や地域を使って税を逃れるケースも激増しています。タックスヘイブンというと、日本人は「税金天国」と訳してしまいそうなところですが、直訳すれば「租税回避地」ということになります。

たとえば、タックスヘイブンの主な国・地域は、南太平洋の小国、ケイマン諸島、香港などです。

金持ちがここに居住地を移したり各国を股にかけている会社が、本拠地をここに置いておけば、法人税の節税もできます。

タックスヘイブンに本社を置いて、各国には子会社を置きます。そして、各国の利益は、タックスヘイブンの本社に集中するようにしておくのです。

そうすれば、その企業グループ全体では、税金を非常に安くすることができるのです。だから、本社をタックスヘイブンに置いている多国籍企業も多いのです。特にヘッジファンドと呼ばれる投資企業の多くは、タックスヘイブンに本籍を置いています。

中にはタックスヘイブンに形だけ本籍地を置いて、税金を逃れるという企業も増えています。

## 竹中平蔵氏の住民税逃税術

海外を使って税金を逃れるというわかりやすい例に、竹中平蔵氏の住民税脱税疑惑があります。

竹中平蔵氏は、小泉元首相から大抜擢され、日本経済の舵取りを任された人です。彼は大学教授で経済のプロですが、自分自身の節税に関しても超絶のテクニックを持っていました。

彼がまだ民間人だったとき、法律のギリギリをついた節税をしていました。国会でも、一時問題になった住民税の脱税疑惑です。

これは究極の節税策だったのです。

どういうことかと言うと、竹中平蔵氏が慶応大学教授時代に、住民票をアメリカに移し日本では住民税を払っていませんでした。

住民税は、住民票を置いている市町村からかかってきます。だから、住民票を日本に置いてなければ、住民税はかかってこないのです。

本当にアメリカに移住していたのなら、問題はありません。でも、どうやらそうではなかったのです。

彼は当時、アメリカでも研究活動をしていたので、住民票をアメリカに移しても不思議ではありません。でも、アメリカでやっていたのは研究だけであり、仕事は日本でしていました。竹中平蔵氏は当時慶応大学教授であり、実際にちゃんと教授として働いていたのです。

竹中大臣はこの時期、所得税の申告は日本で行っています。もし竹中大臣がアメリカに居住していたということであれば、所得税も日本で申告する必要はありません。

なぜ所得税は日本で申告したのに、住民税は納めていなかったのか。

ここが竹中平蔵氏の疑惑の重大なポイントなのです。

住民税は、1月1日に住民票のある市町村に納付する仕組みになっています。1月1日に住民票がなければ、どの市町村も納税の督促をすることはありません。だから、1月1日をはさんで住民票をアメリカに移せば、住民税は逃れられるのです。

竹中平蔵氏は「住民税は日本では払っていないが、アメリカで払った」と主張しています。日本で払っていなくてもアメリカで払っていたのなら、ともかく筋は通ります。

それを聞いた野党は、「それならアメリカでの納税証明書を出せ」と言いました。でも竹中氏は、最後まで納税証明書を国会に提出しませんでした。

住民税というのは所得税と連動しています。所得税の申告書を元にして、住民税の申告書が作成されます。

これはアメリカでも同じです。国内で所得が発生している人にだけ住民税がかかるようになっているので、アメリカで所得が発生していない竹中氏が、住民税だけを払ったとは考えにくいのです。

税制の専門家たちの中にも、竹中氏は違法に近いと主張をしている人もいます。

日本大学の名誉教授の故北野弘久氏もその一人です。北野教授は国税庁出身であり、彼の著作は、国税の現場の職員も教科書代わりに使っている税法の権威者です。左翼上がりの学者ではありません。その北野教授が、竹中平蔵氏は黒に近いと言っているのです。

ただ、この脱税疑惑は、当時の小泉内閣の人気もあり、うやむやになってしまいました。

## 武富士一族の伝説的節税スキーム

タックスヘイブンを使って税を逃れたケースとして、税務の世界では伝説となっている「史上最大の節税」というものがあります。これは、武富士の創業者一族が行った節税スキームです。

武富士という会社は、創業者が一代で築き上げたものです。

かつては、東証一部上場しており、創業者が保有している株式の資産は巨額になっていました。

もちろん、創業者が株を持ったまま死亡してしまえば、遺族には莫大な相続税が課されるはずでした。

相続税を逃れるために、武富士一族はあっと驚くような節税を行ったのです。

そのスキームとはこうです。

武富士の創業者は、オランダに会社をつくり、自分の持っている武富士の株をそのオランダの会社に保有させせました。オランダは、ヨーロッパの中では税金が安く、また銀行の情報秘匿の伝統もあり、いわゆる「タックスヘイブン」のような国です。

オランダの会社の株は武富士の創業者が持っており、実質的に武富士の会社です。が、形式の上ではオランダの会社ということになっており、その会社の株は「海外資産」ということになっていたのです。

そして、そのオランダの会社の株を、香港に在住している息子に譲渡し、日本の贈与税を免れたのです。

贈与税というのは、相続税の抜け穴を防ぐためにつくられた税金です。自分の資産を生前に家族などに贈与してしまえば、相続税は課せられなくなります。それを防ぐために、生前に贈与した場合も税金が課されるということになっているのです。

しかし、武富士一族は海外で資産譲渡を行うことにより、この贈与税を逃れたのです。

つまり、武富士一族が贈与税を逃れるスキームは、

「海外の資産を海外に居住している者に譲渡すれば、贈与税はかからない」

だから
「資産を海外に移し、親族を海外に居住させ、海外で譲渡を行う」

ということです。

創業者氏から長男へ贈与された株式の時価は、推定2600億円以上でした。

2600億円を普通に贈与していたならば、贈与税として1300億円以上を払わなければなりません。それを無税で乗り切ったのです。

国税当局は、それでは腹の虫がおさまりません。実質的に日本の企業である武富士の株を自分の息子に譲渡しているのに、贈与税をかけることができないのです。

だから、国税当局は、

「長男は香港に住民票を移しているが、実際は日本で生活しており香港に住民票を移したのは課税逃れのために過ぎない。実際は日本に住んでいたのだから、日本の贈与税はかかる」

として追徴課税を課しました。

しかし、武富士創業者一族はその処分を不服として裁判を起こしたのです。

この裁判は、最高裁まで争われ、最終的に国税は敗けてしまいました。最高裁では「当時、長男は香港に居住の実態があった」として、贈与税は課せられないという判断を下したのです。

国税は徴収していた税金を創業者一族に返還しただけではなく、税金を仮徴収していた期間の利子約400億円までを払うことになったのです。

武富士一族が利用した仕組みである、

「海外の資産を海外に居住している者に譲渡すれば贈与税はかからない」

というものは、法律の欠陥のようにも思われます。

実はこのとき国税当局は、この抜け穴をふさごうとしていました。平成15（2003）年の税制改正で「外国に住んでいる者に外国の資産を贈与しても、日本国籍を有するならば贈与税がかかる」ようにしたのです。

しかし、武富士の創業者一族は、この税制改正の直前に駆け込み的に贈与を行ったのです。

平成15（2003）年度の改正により、

「海外に5年以上居住し、日本国内に5年以上住所がない人が、海外の資産を贈与された場合は、贈与税がかからない」

ということになっています。

だから、資産を譲渡される人が5年以上海外に住まなくてはなりません。

しかし、武富士一族がこの節税スキームを行ったときには、この「5年以上」という縛りがなく、ただ海外在住であればよかったのです。

そのため、このような莫大な贈与税を簡単に逃れることができたのです。というより、武富士一族は、平成15（２００３）年度の改正を見越して、その前にこの節税策を施したのでしょう。

一般庶民としては、非常に面白くない話ではあります。ちなみに、武富士はその後、資金繰りが悪化して、会社は清算され消滅しています。

## 「慈善事業」を使って相続税を逃れる

昨今の金持ちの相続税逃れの手段として、「財団」をつくったり、財団に寄付をしたりすることがあります。

財団というのは、まとまった財産を元手にして、何かを行う法人のことです。つまりは、資産家などが自分のお金を拠出して団体をつくり、何かの事業を行うのです。

そう聞くと非常に素晴らしいもののように聞こえますが、実態はそうではありません。

資産家が財団をつくったり財団に寄付をすれば、税金がかかりません。財団を作れば、資産家は税金を払わずに自分の財産を他の人に移転することができるのです。

財産を自分で持っていれば、死んだ後、遺族に相続税がかかります。死ぬ前に遺族に引き渡せば贈与税がかかります。

そこで、資産家は、財産を持っていればいずれ税金で持っていかれてしまうので、財団をつくって財産をほかに移すのです。

「でも財団をつくったら、そのお金は社会のために使われるのだから、資産家は損をするじゃないか」

などと思う人もいるかもしれませんが、それは早計です。

財団のお金の使い道は、実は闇に包まれています。

「財団は構成員の協議で財産の使い道が決められる」というのが建前です。でも、財団の構成員は資産家の息がかかった人です。だから、財団の財産の使い道は財団を作った人の思いのままです。第三者を財団の中に入れなくてはならないという法律もなければ、財産の運用をチェックする外部機関もないのです。

また、財団の構成員には財団から給料が払われます。資産家は合法的に財産を身内に移転することができるのです。

某有名自動車メーカーの創業者や電機メーカーの創業者など、「財団」を作っている資産家はたくさんいます。彼らは一応「いいこと」をしているかもしれませんが、彼らが税法上の大きな特典を得ていることは見逃せない事実です。

## 「政治団体」というブラックボックス

前章では、田中角栄が非常に巧みな方法で税金を逃れたことをご紹介しましたが、その後、政治家はきちんと税金を払うようになったのでしょうか？

答えはノーです。

むしろ、田中角栄の時代よりもさらに政治家の税金は緩くなってしまいました。田中角栄のような巧妙なスキームを駆使せずとも、簡単に税金を逃れられるようになったのです。

政治家（国会議員）という職業は、ほかのどの職業よりも税金が緩いと見られています。税金の世界では、「十五三一《とうごうさんぴん》」という言葉があります。これは税務署が把握している各業界の人たちの「収入」を示した税務の世界での隠語です。

サラリーマンは収入の10割が税務署に把握されているけれど、自営業者は5割、農家は

3割しか把握されない、ということを意味します。そして、政治家にいたっては、1割しか把握されていないのです。

つまり、政治家は、実質的な収入に比して10分の1しか税金を払っていないということです。

政治家は、支持者や企業などから多額の献金を受けます。ところが、この政治家の献金収入には、事実上、税金が課せられなくなっているのです。

政治家への献金というのは、現在の法律では、政治家個人が受けるのではなく、「政治団体」が受けることになっています。つまり、献金はすべて「政治団体」の収入ということになるのです。

この「政治団体」は、法人格というものが与えられており、政治家本人が運営していても、政治家とは違う法人という扱いになっています。この法人格を持った政治団体がブラックボックスになっており、政治家の税金逃れの格好の道具になっているのです。

そもそも「政治団体」の法人化という制度は、平成6（1994）年に政治資金を透明化するためにできたものです。しかし、政治家がこれを悪用し、政治資金の使途を隠したり、税金を逃れたりするための道具になってしまっているのです。

この政治団体は、法的には非営利団体とされています。

非営利団体というのは、金儲けのための事業をしていない団体ということです。非営利団体には法人税は課されないことになっています。法人税が課されない団体は、税務署に法人税の申告をすることもないし、必然的に国税当局が法人税の税務調査をするようなこともないのです。

つまり、政治団体は事実上、国税当局の監視の外にあります。

政治団体が国税当局の監視の外にあるということは、実は非常に大きいことなのです。というのも、団体の経理を監査する機関の中でも、もっとも厳しいのは国税だからです。国税以外のチェック機関は、ほとんどおざなりのチェックしかありません。

政治団体は、一応、弁護士、公認会計士、税理士などでつくられる登録政治資金監査人による監査を受けなくてはならないようになっていますが、それは形ばかりのものであり、国税のような厳しい追及はありません。だから、政治団体の収支報告書というのは、適当につくることができるのです。

つまり、国会議員の経理というのは、国税の追及を受けることがないので、かなり適当に記載することができるのです。

政治資金収支報告書を調べてみたら、エロ本の領収書があったとか、キャバクラの飲み代があったとかいう話がよく出てきました。

また、平成19（2007）年には経費の問題で現役の農相（故松岡利勝氏）が首つり自殺までしてしまいました。

故松岡農相の経費問題とは、簡単に言えば次のようなものでした。

故松岡農相の東京事務所は衆議院議員会館内にあり、事務所費や水道光熱費などは無料なはずなのに、多額の経費が計上されていました。

故松岡農相は、この問題が野党から追及されると、「なんとか還元水」にしているから、水道光熱費が高いなどと言い訳したのですが、実際は「なんとか還元水」などの領収書はなく、嘘だったことが判明しました。そこで窮地に陥ってしまったのです。

2007年当時、政治団体の報告書には領収書の添付が義務付けられていませんでした。領収書の添付が義務付けられていないため、数字を適当に書いていても、嘘か本当か確認できません。だから、故松岡農相の事務所も、適当な経費計上をしたのです。

現在は領収書の添付が義務付けられていますが、その領収書のチェックも甘いものであり、実質的にはそれほど変わっていないのです。

## なぜ裏金議員は脱税で摘発されないのか？

令和5（2023）年の年末、自民党の裏金問題が発覚しました。

この事件は、簡単に言えば、自民党の派閥パーティーにおいて、各議員にパーティー券のノルマが割り振られ、そのノルマ以上の売上があった場合は、派閥から議員に代金がキックバックされていたというものです。

そして、キックバックされたお金は、各議員の収支報告書に記載されておらず、「裏金化」していました。この裏金化された収入は、当然、税務申告もされていませんでした。

そうなると、当然「脱税ではないか」という疑惑も生じます。

ネットや野党からも

「収入を帳簿に載せず支出も不明であれば脱税ではないか」

という指摘がされています。

令和6（2024）年3月の確定申告期には「確定申告ボイコット」というワードがネットでトレンド入りするなど、国民の間でも不満の声が日増しに大きくなっていました。

しかし、裏金議員たちが脱税で摘発されることはありませんでした。国税当局は、裏金議員たちを税務調査することさえしませんでした。

実は国税という組織は、政治家に非常に弱いのです。それが、政治家が税金を払わなくて済む大きな要因にもなっています。

国税は本来、首相でさえも、税務調査を行い、脱税を摘発する権利を持っています。政治団体は法人税の申告義務はありませんが、政治家個人は税務署への申告義務があります。もし申告におかしな点があれば、税務署は政治家を税務調査することもできるし、その関連から政治団体の金に斬りこむこともできるはずなのです。

また、国税は本来、政治団体へも税務調査を行う権利を持っています。政治団体から政治家本人にお金が渡されれば、それが課税するものかどうかを調査する権利が、国税にはあるのです。

実際に、寺社など法人税がかからない団体に対しても、住職が寺のお金を個人的に費消していないかどうかを徹底的に調査しています。寺社の場合、宗教活動費には税金はかかりませんが、住職などの個人的な費消には税金がかかるからです。

政治活動費も宗教活動費も、本来の使われ方をされていれば非課税ですが、本来の使われ方をされていなければ課税されます。それを調査確認するのが、税務署の仕事でもあります。

寺社などは、支出だけではなく、収入も徹底的に調べられます。寺社の収入を誤魔化して住職が自分のものにしていないかどうかを調べるためです。

つまり、寺社などは法人税はかかっていないけれど、収入も支出も徹底的に調べられるのです。寺社のみならず、学校法人や福祉団体など、法人税がかからない団体にも、「所得税の調査」は普通に行われています。

普通に税務調査が行われていないのは、政治団体だけなのです。

これは憲法の「法の下の平等」に反するものです。


過去には国会議員でも、脱税で摘発された者はいます。しかし、それは国税の力で摘発したというものではありません。

政敵が政権を握ったために見せしめ的に税務調査に入られたり、巨額の不正蓄財をマスコミから嗅ぎ付けられたために、やむを得ず国税が動いたというケースなのです。

政治家というのは入金や出金に不透明な部分が多く、ほとんどの人が多かれ少なかれ叩けば埃が出ると言われています。それなのに、政治家へは、よほどのことがない限り税務署は動かないのです。

たとえば、元自民党幹事長の加藤紘一氏に国税の調査が入ったのも、加藤紘一氏が自民党に反旗を翻そうとして失敗した「加藤の乱」の直後のことです。

加藤紘一氏は、以前から税金に関してグレーの部分があるとマスコミなどで言われていました。しかし、彼が本当に勢いがあるときには、国税はまったく動こうとしなかったのです。彼は「加藤の乱」の失敗で政治的な力を失い、政敵によって報復的な意味で税務調査を受けたのです。

また、かつての自民党のドン、故金丸信氏が脱税で摘発されたのも、佐川急便からの多額の裏献金事件が発覚した後のことです。故金丸氏は5億円もの裏献金を受け、これは贈賄では立件できませんでした。

しかし、5億円をもらった事実はあるはずで、それが申告されていないのはおかしいという世論に動かされて、脱税摘発に踏み切りました。

しかも、故金丸氏が国会議員でいる間、国税は動いていません。彼が世間の批判にさらされ、議員バッジをはずしてから、やおら重い腰を上げたのです。

当時の大蔵大臣は、宏池会の林義郎氏でした。宏池会と金丸氏のいる旧田中派とは対立していました。もし、大蔵大臣が林氏でなかったら、金丸氏は逮捕されていたかどうか疑わしいでしょう。

このように、国税が自発的に政治家の税金に斬りこむことは、まずあり得ないのです。

## 日本に世襲政治家が多い理由

政治家の格好の逃税アイテムとなっている「政治団体」というシステムは、政治家の相続税逃れのスキームともなっています。

政治団体に個人が寄付をする場合、贈与税は非課税となっています。そして政治資金規正法で、個人は政治団体に年間2000万円までは寄付できるようになっているのです。だから、親が毎年2000万円を子供の政治団体に寄付していけば、相続税をまったく払わずに、自分の資産を譲り渡すことができるのです。

さらに、政治団体から政治団体に寄付をする場合も非課税であり、しかもこの場合は、寄付金の上限額はありません。

世襲議員の場合、親も本人も別個の政治団体をつくっています。だから親の政治団体から子供の政治団体に寄付をするという形を採れば、何億円であろうと何十億円であろうと無税で相続することができるのです。

もし親が急に死亡した場合でも、親の政治団体から子供の政治団体にお金を移せば、相続税はゼロで済むのです。

このように、親の政治家がため込んだお金は無税で子の政治家に渡るシステムがあるので、世襲政治家が増殖することになったのです。

少なくとも、この相続税の優遇制度は廃止しないと、世襲政治家の増殖は止められないし、日本の低迷も止められないのです。

日本は先進国の中では異常に世襲議員が多くなっています。テレビ朝日のデータによると日本の衆議院の23％は世襲議員です。アメリカ、イギリスは7％程度、ドイツは1％以下です。しかも日本の場合、過去20年で首相9人のうち6人が世襲議員なのです。

こんな国は先進国にはどこにも見当たりません。

世襲制というのは、人類の永遠の課題とも言えるものです。

日本でも聖徳太子の時代から「門閥によらない人材登用」を掲げた政治改革が幾たびも行われてきました。しかし、時間が経てば改革は骨抜きにされ、世襲制が復活してくるのです。

あの明治維新も、テーマの一つが世襲制の廃止でした。

江戸時代のような、生まれた家柄で身分や職業が決まってしまう社会を廃し、家柄や身分に関係なく自分の能力に合った仕事や地位につける社会をつくる、というのが明治維新の目的でもあったのです。

しかし、それらの改革はいずれも時間が経てば骨抜きにされ、世襲制がゾンビのように復活してきます。そして今の日本も、「政治団体」という法律の抜け穴がつくられ、政治家が世襲制になりつつあるのです。

## トヨタは日本でほとんど税金を払っていない

日本最大の企業というと言わずと知れたトヨタ自動車です。

令和6（2024）年3月期の連結決算でも、日本企業で過去最高となる5兆円を超える利益を計上しました。

このトヨタ自動車が、実は日本の税金をほとんど払っていないことをご存じでしょうか？

にわかには信じられない話かもしれませんが、別に極秘ニュースでも何でもなく、トヨタの会計データを見れば誰でも確認できる事実なのです。

まず、トヨタは平成20（2008）年から5年間も法人税を払っていません。この5年間、トヨタは決して景気が悪かったというわけではありません。この間に、トヨタは最高収益を更新しているほど儲かっていたのです。

トヨタというのは、よくも悪くも現在の日本企業を象徴するものです。

トヨタが5年間、法人税を払っていなかったのも、昨今の日本経済や税制を象徴する現象だったのです。

平成26（２０１４）年3月期の決算発表の際に、豊田章夫社長が衝撃的な発言をしました。

「一番うれしいのは納税できること。社長になってから国内では税金を払っていなかった。企業は税金を払って社会貢献するのが存続の一番の使命。納税できる会社として、スタートラインに立てたことが素直にうれしい」

この言葉の意味がよくわからなかった人も多いはずです。

日本最大の企業が、日本で税金を払っていなかったというのです。

ここでいう税金というのは、法人税と事業税、法人住民税の一部のことです。

これら三つの税金は、事業の収益に対して課せられるものです。つまりは、黒字の企業に対して、その黒字分にかかってくる税金です。

平成21（２００９）年から平成25（２０１３）年までというのは、リーマンショックと大震災の影響などがあり、確かに業績のよくない企業は多かったのです。

しかし、トヨタはそうではありませんでした。この5年間で、トヨタはずっと赤字だったわけではありません。近年赤字だったのは、リーマンショックの影響を受けた２０１０年期、２０１１年期の2年だけです。それ以外の年はずっと黒字だったのです。

それにもかかわらず、なぜトヨタは平成21（2009）年から平成25（2013）年まで税金を払っていなかったのでしょうか？

実は、そこには巧妙なカラクリがあるのです。

そして、そこに、日本税制の最大の闇が隠されているのです。闇というのは、近年の日本の税制が、大企業を中心に設計されてきたことです。

その象徴的な出来事がトヨタの「5年間税金なし」なのです。

## トヨタ優遇税制の数々

トヨタが、税金を払っていなかった最大の理由は、「外国子会社からの受取配当金減税」と「試験開発費減税」が行われたからです。

「外国子会社からの受取配当金減税」とは外国の子会社から配当金を受け取った場合、その95％は課税対象からはずされる、というものです。これは、現地国と日本で二重に課税を防ぐ、という建前でつくられた制度です。

外国子会社からの配当金は現地で税金が源泉徴収されているケースが多く、日本でも課税すれば二重課税になるという理屈です。

しかし、二重課税を防ぐのであれば、外国で払った税額を控除すればいいだけです。実際に以前はそうされていました。

ところが、平成20（2008）年からは外国で支払った税金を控除するのではなく、外国子会社からもらった配当金そのものを所得から控除できることになったのです。

これにより、外国で支払った税金が日本の法人税よりも安ければ、その分、企業が儲かることになったのです。そのため、タックスヘイブンのような税金の安い国に、子会社を設け、その子会社に利益を集中させるというような企業も増えました。

そして、トヨタが税金を払わずに済んだもう一つの減税、「試験開発費減税」にも触れておきましょう。

平成15（2003）年に導入されたこの減税は、製造業の大企業に大きなメリットがあります。

試験開発費の減税というのは、簡単に言えば、「試験開発をした企業はその費用の10％分の税金を削減しますよ」という制度です。限度額はその会社の法人税額の20％です。

これを大まかに言えば、製造業の大企業の法人税が20％も下げられたのです。減税対象がかなり緩く設定されているので、製造業の大企業のほとんどは対象となりました。

試験開発費による減税額は、2023年度に7636億円にも達しています。そして、7636億円の減税額の65％を、日本企業全体の0・2％の大企業が享受していたのです。

紛れもなく、トヨタなどの大企業のための減税策なのです。そのため、トヨタは平成20（2008）年から5年間も法人税を払わずに済んだのです。

## トヨタにとって「税金は払うものではなく受け取るもの」

現在、トヨタ自動車は、史上最高収益を例年更新するような好業績を上げており、さすがに法人税は払うようになりました。しかし、それでもトヨタは日本でほとんど税金を払っていないのです。なにか、キツネにつままれたような話ですよね？

トヨタがなぜ日本でほとんど税金を払っていないかというと、トヨタは法人税を払っているけれど、消費税の還付を受けているからです。そのため差し引きすると、税金は払っても微々たるものであったり、年によっては還付の方が大きくなったりもしているのです。

つまり、納付税額と還付金額を差し引きすると、ほとんど税金を払っていないということになるのです。

消費税の還付金と言われても、一般の人には何のことだかわかりませんよね？

そのことを簡単に説明します。

消費税は「国内で消費されるものだけにかかる」という建前があり、輸出されるものには消費税はかかりません。ところが、輸出企業というのは、国内で製造する段階で、材料費などで消費税を支払っています。そのため「輸出されるときに、製造段階で支払った消費税を還付する」という輸出還付金という仕組みがあるのです。

この理屈だけを見ると、輸出還付金は別に輸出企業の補助金ではなく、まっとうな制度のように見えます。輸出企業は製造段階で消費税を払っているのに、売上のときには客から消費税をもらえないので、自腹を切ることになるからです。

しかし、現実的には、この制度は決して公平ではありません。さらに言うと、この戻し税は事実上、「輸出企業への補助金」となっているのです。なぜなら、大手の輸出企業は製造段階できちんと消費税を払っていないからです。

消費税がかかっているからといって、下請け企業や外注企業は価格に消費税を転嫁できません。製造部品などの価格は、下請け企業が勝手に決められるものではなく、発注元と受注企業が相談して決めるものです。

となると、力の強い発注元の意見が通ることになり、必然的に消費税の上乗せというのは難しくなります。

トヨタなどの巨大企業となるとなおさらです。トヨタから発注を受けている業者は、常にコスト削減を求められています。表向きは消費税分を転嫁できたとしても、「コスト削減」を盾に価格を引き下げられることはままあります。

これは実際にデータとしても証明されています。平成26（２０１４）年8月の帝国データバンクによるトヨタ自動車グループの下請け企業の実態調査結果の発表によると、全国約3万社の下請け企業の２００７年度と２０１３年度の売上を比較したところ、２００７年度の水準を回復していない企業が約7割を占めたのです。

トヨタ自体は、この間にリーマン・ショックの打撃から回復して過去最高収益を連発していますが、それは下請けにはまったく反映されていないということです。というより、トヨタは下請けに対する支払いを削ることで最高収益を上げたとも言えるのです。当然のことながら、下請け企業が消費税分を価格に転嫁することなどはできていないのです。

その一方で、輸出企業の戻し税は昨今、急激に増額しているのです。つまり、輸出企業は「戻し税」の分を丸儲けしているということなのです。

トヨタが平成20（２００８）年から5年間、法人税を払っていなかったことは前述しましたが、この間も消費税の還付金は受け取っています。つまり、この5年間はトヨタにとって、「税金は払うものではなく、もらうもの」だったのです。そして、この5年間以外でも、トヨタが払う法人税と、受け取る消費税還付金はトントンだったので、トヨタは日本国にほとんど税金を払っていないのです。この状況は現在も続いています。

日本最大の企業であり、日本でもっとも儲かっている企業が、日本国にほとんど税金を払っていないという事実。

これは、現代日本を象徴する事象であり、日本衰退の大きな要因でもあります。

ちなみに、トヨタは長年、自民党の最大の献金企業です。

今の日本は、だいたい全体的にこんな構造になっています。日本は衰退すべくして衰退しているのです。

## あとがき

歴史を脱税の観点で俯瞰してみると、力を持つ者、裕福な者ほど、税を逃れたがることがわかります。

蘇我入鹿しかり、藤原道長しかり、比叡山延暦寺しかり、戦前の財閥しかりです。

しかし、有力者の脱税を許していると、そのしわ寄せは庶民に行きます。貧富の差は広がり、人心は荒廃します。社会の崩壊につながることもしばしばあります。

それは日本の歴史だけで言えることではなく、世界のどの国の歴史でも言えることです。古代エジプト、古代ローマ、ヨーロッパの数々の王国、中国の歴代国家等々、脱税のために滅んでしまった国は数知れません。

平和で安定した社会をつくるために一番大事なことは、「力を持つ者から、ちゃんと税を取ること」だと筆者は思います。

この観点で現代日本を見たとき、果たして「力を持つ者から、ちゃんと税金を取っている」でしょうか？

日本でもっとも儲かっている日本最大の企業トヨタが、日本でほとんど税金を払っていないという事実。トヨタに限らず、ソフトバンク、楽天、大手商社など、日本の大企業の税負担は驚くほど少ないという事実。

日本の税制をつくり、日本の政治を動かしている国会議員たちに、まともに税金が課せられていないという事実。そのしわ寄せがすべて国民に向かい、国民の税金、社会保険料は江戸時代の年貢割合よりも高くなっている事実。

これらの事実を見たとき、今の日本は到底「公平な税制」を敷いているとは言えず、もはや税システムがまともに機能していないとさえ言える状況です。すでに日本社会は崩壊が始まっているのかもしれません。

多くの方が感じているように、現代日本は目に見えて衰退しています。その大きな理由の一つに税金がある。それが本書でもっとも訴えたかったことです。

最後に、宝島社の橋詰久史氏をはじめ、本書の制作に尽力いただいた皆様にこの場をお借りして御礼を申し上げます。

２０２４年６月　著者

『中世日本商業史の研究』　豊田武著　岩波書店
『戦国織豊期の貨幣と石高制』　本多博之著　吉川弘文館
『貨幣と鉱山』　小葉田淳著　思文閣出版
『中世後期の寺社と経済』　鍛代敏雄著　思文閣出版
『戦国時代の荘園制と村落』　稲葉継陽著　校倉書房
『寺社勢力』　黒田俊雄著　岩波新書
『甲陽軍鑑』　佐藤正英訳　ちくま学芸文庫
『江戸幕府財政の研究』　飯島千秋著　吉川弘文館
『貧農史観を見直す』　佐藤常雄、大石慎三郎著　講談社現代新書
『勘定奉行の江戸時代』　藤田覚著　ちくま新書
『近世村人のライフサイクル』　大藤修著　山川出版社
『織豊期検地と石高の研究』　木越隆三著　桂書房
『日本中世の歴史７　天下統一から鎖国へ』　堀新著　吉川弘文館
『お江戸の経済事情』　小沢詠美子著　東京堂出版
『江戸の小判ゲーム』　山室恭子著　講談社現代新書
『維新経済史の研究』　平尾道雄著　高知市立市民図書館
『幕末維新期の外圧と抵抗』洞富雄著　校倉書房
『勝海舟全集　全24巻』　勝海舟著　講談社
『岩崎小彌太』　武田晴人著　PHP新書
『事典 昭和戦前期の日本』　伊藤隆監修　百瀬孝著　吉川弘文館
『世相でたどる日本経済』　原田泰著　日経ビジネス人文庫
『日本の産業化と財閥』　石井寛治著　岩波書店
『GHQ日本占領史28　財閥解体』　日本図書センター
『財閥解体』　梅津和郎著　教育社
『戦後日本・占領と戦後改革 第６巻　戦後改革とその遺産』　中村政則ほか編
岩波書店

執筆協力：武田知弘

# 参考文献

『日本古代財政組織の研究』 梅村喬著 吉川弘文館
『江戸時代帳合法成立史の研究』 田中孝治著 森山書店
『新体系日本史12 流通経済史』 桜井英治・中西聡編 山川出版社
『日本史小百科「貨幣」』 瀧澤武雄・西脇康編 東京堂出版
『金銀貿易史の研究』 小葉田淳著 法政大学出版局
『日本史小百科「租税」』 佐藤和彦編 東京堂出版
『日本経済史大系 全６巻』 彌永貞三、永原慶二ほか編 東京大学出版会
『日本経済史 近世―現代』 杉山伸也著 岩波書店
『日本経済史 全６巻』 石井寛治ほか編・東京大学出版会
『日本経済史』 永原慶二著 岩波書店
『古代国家の支配と構造』 田名網宏編 東京堂出版
『日本古代財政史の研究』 薗田香融著 塙書房
『日本の時代史２ 倭国と東アジア』 鈴木靖民編 吉川弘文館
『日本の時代史５ 平安京』 吉川真司編 吉川弘文館
『日本の時代史６ 摂関政治と王朝文化』 加藤友康編 吉川弘文館
『なぜ、大唐帝国との国交は途絶えたのか』 山内晋次著 NHK出版
『講座日本荘園史４ 荘園の解体』 網野善彦ほか編 吉川弘文館
『近江から日本史を読み直す』 今谷明著 講談社
『湖の国の中世史』 高橋昌明著 平凡社
『寺社勢力の中世』 伊藤正敏著 ちくま新書
『中世人の生活世界』 勝俣鎮夫編 山川出版社
『武士の王・平清盛』 伊東潤著 洋泉社
『戦争の日本史６ 源平の争乱』 上杉和彦著 吉川弘文館
『日本の時代史８ 京・鎌倉の王権』 五味文彦編 吉川弘文館
『信長公記』 太田牛一原著・榊山潤訳 ニュートンプレス
『日本史 キリシタン伝来のころ 全５巻』 ルイス・フロイス著・柳谷武夫訳 平凡社 東洋文庫
『イエズス会・日本年報』 村上直次郎訳 柳谷武夫編 雄松堂出版
『戦国期の政治経済構造』 永原慶二著 岩波書店

カバーデザイン　杉本欣右
本文DTP　G-clef（山本秀一、山本深雪）

# 脱税の日本史

2024年7月26日 第1刷発行

著者　大村大次郎
発行人　関川 誠
発行所　株式会社宝島社
〒102-8388 東京都千代田区一番町25番地
電話（編集）03-3239-0928
（営業）03-3234-4621
https://tkj.jp
印刷・製本　サンケイ総合印刷株式会社


ISBN 978-4-299-05392-3